Collana Ricerca e saggistica/7

La narrativa di Ennio Flaiano
Realtà e allegorie della società italiana contemporanea
di Marco Quaranta

Collana Ricerca e saggistica/7

© Copyright 2019 Riccardo Condò Editore
Tutti i diritti sono riservati
ISBN 9788897028673
Stampato da Amazon Kdp, U.S.A.,su licenza di Riccardo Condò Editore

Prima edizione – maggio 2019

www.ipersegno.it
Ipersegno è un marchio editoriale di Riccardo Condò Editore, Pineto (Te).

Marco Quaranta

La narrativa
di Ennio Flaiano

Realtà e allegorie della società italiana contemporanea

2019

IPERSEGNO

SOMMARIO

INTRODUZIONE

Flaiano è uno scrittore poliedrico, atipico, difficile da etichettare per la sua distanza dalla letteratura ufficiale. Conosciuto dal grande pubblico per il sodalizio con Fellini, ignorato dai critici a causa della sua intensa attività giornalistica e cinematografica, la sua fama di battutista dal carattere spiritoso ha tenute nascoste, nei decenni '50 e '60, le potenzialità del suo lavoro narrativo agli occhi del panorama culturale.

È una voce fuori dal coro quella di Flaiano, lontana dalle convenzioni letterarie, dal carattere indipendente, non del tutto ancorata alla tradizione, pronta a sperimentare nuove forme e nuovi modi per raccontare lo spettacolo del mondo.

Prendendo in esame le sue opere narrative, da *Tempo di uccidere,* passando dai racconti lunghi di *Una e una notte* e *Il gioco e il massacro*, fino ad arrivare alle raccolte dei frammenti e appunti di realtà, ci troviamo di fronte un reticolo di tematiche ricorrenti. Temi salienti che sono espressioni di malinconia, della sua concezione della vita e dell'arte, della sua satira, che più di tutti lo contraddistingue, capace di cogliere i vizi, le ipocrisie, le menzogne dell'Italia e dell'umanità pervasa dall'apparente benessere della modernità, da un punto di vista di un osservatore esterno disimpegnato, ma attento.

In queste opere troviamo personaggi dal sapore autobiografico: sono ufficiali, scrittori, giornalisti, sceneggiatori, aspiranti registi, quasi tutti con il vizio di annotare appunti in taccuini o diari. Protagonisti afflitti dalla noia, dallo sconquasso esistenziale, dal gesto stanco, supportati da una narrazione che aiuta l'equivoco e il dubbio, e allontana la possibilità di una soluzione concreta alle loro storie. Lo scenario per molti di loro è Roma, città amata e biasimata allo stesso tempo, un punto prediletto per osservare la società in continuo mutamento; altri vivono le loro vicende all'estero e l'indagine critica dell'uomo si allarga così oltre i confini geografici italiani, rivolgendosi all'individuo in termini generali.

Questo studio si concentra sull'opera narrativa pubblicata in vita da Flaiano, dalla forma classica del romanzo ai racconti, per arrivare alle raccolte di appunti, frammenti e articoli.

Flaiano nel 1947 si fa romanziere con la pubblicazione di *Tempo di uccidere,* un'opera distante dal contesto intellettuale del tempo, non in linea con l'ideologia dominante del neorealismo, ma con una predisposizione al simbolismo, per raccontare le ipocrisie delle vergognosa campagna coloniale dell'Italia fascista. Un romanzo dove il protagonista assoluto è il caso e il suo ascendente sull'uomo, inconsapevole e travolto dai giochi malsani della propria coscienza. Una vicenda cosparsa di allusioni allegoriche atte a sottolineare aspetti dell'Italia futura, quella del dopoguerra, che gli intellettuali, in tempi di neorealismo, non erano in grado di vedere.

L'avventura del romanziere Flaiano finisce qui, non troveremo nelle librerie un secondo romanzo, l'autore si sente estraneo anche a questo genere costituito. I lavori più lunghi sono dei racconti (o romanzi brevi). I primi due, *Una e una notte* e *Adriano*, sono storie di ricerca esistenziale e di viaggio, interiore e letterario, molto diverse tra loro, al punto da rappresentare una il rovescio dell'altra. Con i racconti pubblicati nel 1970, *Oh Bombay!* e *Melampus*, come da abitudine Flaiano ci mostra in modo originale un riflesso della società moderna in preda a una nevrotica e delirante trasformazione, satura di comunicazione, con televisori impazziti raffiguranti il prolungamento della nostra coscienza; sono storie di cambiamento, una maschile e l'altra femminile, di solitudine e di amore in epoca postmoderna. Non esiste soluzione, tutto rimane in bilico tra farsa e grottesco, perché grande è la sfiducia di Flaiano nella letteratura, che non è più in grado di restituire una compiuta e coerente visione del mondo. Lo scrittore pescarese ci fornisce, infatti, una personale verità, ma non una soluzione.

Una narrativa, quella di Flaiano, all'insegna di una scrittura elegante e dal taglio aforistico. Molti sono gli appunti e i frammenti di riflessioni abilmente inseriti nei dialoghi dei personaggi che vivono le loro storie, o usate come tasselli di una raccolta di epigrafi fulminanti. È stupefacente come le tematiche ossessive dello scrittore siano costantemente utilizzate e rimescolate in infinite forme e situazioni: lo stesso appunto o aforisma lo possiamo trovare in diversi racconti o diari, riadattato in modo differente. Un lavoro continuo e infaticabile, che si nasconde dietro la maschera della pigrizia; una vita costantemente intrecciata al lavoro di giornalista, con i suoi articoli dissacranti, testimonianze dello sgretolamento della quotidianità, e permeati di uno spirito satirico non aggressivo, ma coscienzioso, profetico e atemporale, che scatena il riso e, al contempo, un'amara riflessione sulla realtà italiana.

Flaiano è un intellettuale complesso, riduttivamente etichettato in molte antologie sotto la voce di scrittore umorista. La critica del tempo gli rimproverava l'abbandono del romanzo, senza attribuire il giusto peso ai tentativi di una narrativa dal nuovo respiro, sia nella forma sia nei contenuti. Lo stesso Flaiano prevedeva che, dopo la sua morte, sarebbe stato definito uno «scrittore minore satirico nell'Italia del benessere»[1]. Del resto «il peggio che può capitare a un genio è di essere compreso»[2].

---

1 E. FLAIANO, *Opere. Scritti postumi,* a cura di M. CORTI e A. LONGONI, Milano, Bompiani, 1988, p. 1220.

2 E. FLAIANO, *Un marziano a Roma,* in *Opere scelte,* a cura di A. LONGONI, Milano, Adelphi, 2010, pp. 688-689.

Solo a partire dagli anni Ottanta si assiste a una rivalutazione critica della sua opera, che mette in luce la sua presenza nel panorama della letteratura italiana del Novecento.

1. Paralleli tra vita, cinema e giornalismo nella narrativa di Ennio Flaiano

Ennio Flaiano è ormai considerato un classico della letteratura italiana del Novecento. Scrittore satirico, ironico, ma anche tragico, è stato definito da Alberto Arbasino un «piccolo maestro postumo»[1]. Per molti anni il pericolo di una riduttiva fama di battutista ha rischiato di offuscare il brillante narratore che fu, cosa ovvia in Italia, secondo Anna Longoni[2], per uno scrittore "satirico", aggettivo che può sembrare anch'esso una limitazione.

Autore caratterizzato da una personalità indipendente, non legato a nessuna ideologia, ha vissuto con irregolarità e ha attraversato i generi e le correnti letterarie del suo tempo, tra gli anni Quaranta e Settanta, in un periodo storico fortemente condizionato dal neorealismo. Ha praticato tutti i generi possibili, dalla narrativa, che spesso è stata in stretta simbiosi con la sua attività di giornalista, passando per il teatro, fino al cinema e alla poesia (su cui ha riversato la sua visione laterale della realtà), di cui è stato un originale interprete e traduttore.

Dopo il primo e unico romanzo, *Tempo di uccidere*, del 1947, Flaiano tese il suo lavoro narrativo verso l'essenzialità, dal racconto lungo (o meglio, romanzi mancati) fino all'aforisma, dando molta importanza alla precisione della parola, come sintomo di rinuncia, di sfiducia verso la letteratura: «parole esatte, frutto della decantazione di una lingua che non lascia residui di ambiguità, che si affilano per scalfire la pagina con un taglio senza sbavature»[3]. Essenzialità narrativa spiegata da Flaiano in un'intervista rilasciata nel 1972 ad Aldo Rosselli: «c'è una struttura tenuta nei limiti della correttezza. La parola è il messaggio stesso, [...] la parola ferisce, la parola convince, la parola placa»[4], cercando di restituire una realtà che possa essere letta, «io cerco di scrivere male apposta, nel tentativo di farmi capire»[5].

Nato a Pescara il 5 marzo 1910, dal padre Cetteo e da sua moglie Francesca, è ultimo di sette fratelli. A causa di problemi familiari fu costretto a un lungo peregrinare in diversi collegi in varie regioni italiane. Questo precoce distacco segnò il carattere dell'autore di una malinconia

---

1 A. Arbasino, *Ennio Flaiano: quel genio tra il "Mondo" e la dolce vita*, in «La Repubblica», 15 febbraio 2010.

2 A. Longoni, *Introduzione*, in Ennio Flaiano, *Opere scelte*, cit., p. X.

3 *Ibid.*

4 *Ibid.*

5 *L'italiano non ride*. Intervista di Gianni Rosati a Ennio Flaiano, in «Il Mondo», 14 aprile 1972, pp. 16-17, in Ennio Flaiano, *Opere. Scritti postumi*, cit., pp.1201-1202.

che porterà con sé tutta la vita. La cittadina pescarese e l'Abruzzo non furono solo un dato biografico, molti ricordi legati all'infanzia si trovano ne *La valigia delle Indie*, una sezione poetica dell'*Autobiografia del Blu di Prussia*, uscita postuma nel 1974, in cui sono presenti le figure dei genitori. Anche nel romanzo incompiuto il *Messia* è presente l'Abruzzo, legato ai suoi ricordi di ragazzo, in cui fuoriesce la misticità religiosa delle popolazioni che vi abitano, con una particolare predisposizione ai riti pagani e alla vita mistica. La città di Pescara è presente nel racconto *Il minore* del 1943, in cui troviamo temi che attraverseranno tutta la sua scrittura: la noia, la solitudine, la malinconia e un *io* come osservatore esterno pur trovandosi all'interno della società. Nel 1972, il suo ultimo anno di vita, Flaiano rilasciò un'intervista nella quale ricorda la sua città natale, ormai trasfigurata, che riconosce a stento, trasfigurata dai cambiamenti di una stravolgente modernità[6]:

[...] dell'Abruzzo conosco poco, quel poco che ho nel sangue. Me ne andai all'età di cinque anni, vi tornai a sedici, a diciotto ero già trasferito a Roma, emigrante intellettuale, senza neanche la speranza di ritornarci. [...] Poco so dell'Abruzzo interno e montano, appena le strade che portano a Roma[7].

Nel 1928 giunse a Roma per conseguire il diploma di ragioneria, senza però riuscirci, per passare in seguito al Liceo Artistico e poi alla facoltà di Architettura, non portando a termine gli studi. Il trasferimento a Roma fu cruciale per la formazione culturale di Flaiano. Iniziò a frequentare gli ambienti dell'avanguardia romana, mettendo in mostra la sua inclinazione alla creazione letteraria, e nel '35 iniziò la collaborazione con la rivista "Quadrivio" con la rubrica A&B, in cui due interlocutori discutono sul mondo dell'arte, da un punto di vista prevalentemente ironico. Nel 1972, nell'intervista con Rosati, Flaiano affermò che «l'unica protesta contro il fascismo era quella di non parlare mai delle cose ma sempre di altre cose»[8].

Iniziò nel ventennio il sodalizio con la capitale, che sarà di odio e amore, e che si rivelò però fondamentale: Roma è uno dei principali temi ricorrenti nelle sue opere (ad esempio in *Una e una notte*, *Adriano* e *Un marziano a Roma*), insieme al caso, al viaggio e alla noia, il punto cardine di osservazione antropologica e di analisi del degrado della negatività della società italiana, uscita a pezzi dal fascismo e dalla guerra.

---

6 Flaiano fu un acuto osservatore dei cambiamenti, non solo sociali, dell'Italia del dopoguerra.

7 E. FLAIANO, *Soltanto le parole. Lettere di e a Ennio Flaiano (1933-1972)*, a cura di A. LONGONI e D. RÜESCH, Milano, Bompiani, 1995, p. 407.

8 *L'italiano non ride*. Intervista di Rosati a Flaiano, cit., pp. 1201-1202.

Il tema della guerra occupò per vent'anni la scrittura di Flaiano, dal taccuino *Aethiopia. Appunti per una canzonetta*, scritto dal '35 al '36, nel quale furono appuntati ricordi e riflessioni sulla guerra coloniale italiana in Abissinia, alla quale Flaiano partecipò personalmente con il grado di sottotenente, al *Diario notturno* del 1956, passando per *Tempo di uccidere* nel 1947, nel quale fecero da avantesto gli aforismi del taccuino etiope. In questi lavori, la guerra viene rappresentata come spettacolo del grottesco: la guerra coloniale fascista gonfia di retorica, di valori propagandati pieni di vuoto. Ma la cruda realtà restituisce un'umana indecenza, piena di corruzione e tragico cinismo, come il massacro, gli stupri e i saccheggi degli indigeni da parte dei soldati italiani.

una guerra, cui ho preso parte e che ho odiato e che mi ha portato ventiquattrenne a ripudiare il fascismo e a desiderare che la cosa finisse, brutalmente, nella sconfitta [...] ho visto come queste persone che noi andavamo a «liberare» erano invece oppresse e spaventate dal nostro arrivo. La nostra funzione era soltanto una bassa funzione di prestigio colonialistico, ormai in ritardo.[9]

Finita l'esperienza della guerra, Flaiano riprese a lavorare nel mondo del giornalismo romano: attività che portò avanti per tutta la sua vita, parallelamente con la sua vocazione narrativa. Su decine di quotidiani e riviste («Corriere della sera», «L'Espresso», «L'Illustrazione italiana», «L'Europeo», ecc.) pubblica, in quasi quarant'anni, un'ingente quantità di articoli, occupandosi di svariati argomenti, quali la critica teatrale e cinematografica, la satira di costume, i racconti, le poesie e il diario. L'attività di giornalismo è in primo piano, basti pensare che *Diario notturno*, *Una e una notte* e le *Ombre bianche* sono libri in cui vengono raccolti articoli e/o racconti pubblicati nei svariati quotidiani. Anche nella narrativa pubblicata dopo la sua morte nel '72 viene riutilizzato il materiale giornalistico, come ne *La solitudine del satiro*. Nel 1949 Flaiano realizzò la collaborazione giornalistica più importante, diventando caporedattore del settimanale politico letterario, di ispirazione laica, dai collaboratori illustri (Moravia, Maccari, Brancati) "Il Mondo", diretta da Mario Pannunzio, con cui aveva già collaborato nel 1939 presso "Oggi" e nel 1945 come capocronista al "Risorgimento liberale", anno in cui l'attività giornalista diventa sempre più incessante. Ne "Il Mondo" Ennio portò avanti svariate rubriche, occupandosi di cinema, teatro, costume e cronaca.

Nel '54, dopo un'interruzione di tre anni, perché aveva la sensazione di rimanere tagliato fuori dalla realtà, riprese la collaborazione con il giornale, firmando la rubrica, inaugurata con il racconto *Un marziano a Roma*, "Diario notturno". Dei pezzi apparsi in essa, nel 1956, ne fece una raccolta con il libro omonimo *Diario Notturno* (sempre su "Mondo"

---

9 E. FLAIANO, *Opere. Scritti postumi*, cit., p. 1210.

apparve il racconto *Una e una notte* nel '58, in tre puntate). Felice del risultato della raccolta, Dino Buzzati scrisse a Flaiano: «Parecchie di queste pagine le conoscevo già. Raccolte in volume mi sembra che superino vittoriosamente un ben difficile collaudo. Ne risulta, cosa ben rara nel genere, una lettura sempre più varia e interessante. [...] Spiritoso, molto divertente, anche se nel fondo amaro e tristissimo»[10].

Flaiano, da giornalista, inizia a raccontare gli avvenimenti, attraverso dettagli apparentemente minimi, ma che descrivono una verità allarmante nell'Italia del dopoguerra, «lo squallore di un popolo disorientato di fronte alla democrazia, che non si trova per nulla a suo agio nella riconquistata libertà, che all'impegno di una faticosa ricostruzione preferisce il piacere di un'evasione irresponsabile»[11]. Non ha mai avuto un occhio benevolo verso gli italiani, illustrati per sineddoche con la dolce vita romana: «Quando, nei primi anni quaranta, Flaiano inizia a scrivere per i giornali, raccontando la quotidianità romana, capisce che la deformazione satirica è già nella cronaca prima che nell'invenzione»[12]. Il giornalismo, per Flaiano, non è solo lavoro ma anche tema nei suoi racconti: molti personaggi scrivono, molti sono giornalisti, basti pensare a *Una e una notte*, *Ombre bianche* e, in *Diario notturno*, la sezione il "raccontino utile"; e non è da dimenticare il protagonista della *Dolce vita*, film con la sceneggiatura a firma di Flaiano.

La narrativa di Ennio Flaiano intercorre con le molteplici attività, sempre nell'ambito della scrittura, che intraprese nella sua vita. Come per il giornalismo, anche l'attività di scrittore per il cinema ha dei paralleli fondamentali. Appartenente alla schiera dei "letterati nel cinema", insieme a Moravia, Pratolini, Pasolini e molti altri (dal '42 al '72 Flaiano firmò la sceneggiatura di ottantacinque film). Determinante fu l'incontro con Fellini, con cui intraprese una collaborazione durata, tra continue incomprensioni, per quindici anni, dal '50 al '65. Flaiano è ancora oggi maggiormente noto come lo sceneggiatore di Fellini, un sodalizio che portò alla luce capolavori come *Lo sceicco bianco* (1952), *I vitelloni* (1953), *La strada* (1954), *Il bidone* (1955), *Le notti di Cabiria* (1957), *La dolce vita* (1960), *Boccaccio'70* (1962), *Otto e mezzo* (1963).

La dolce vita è senza dubbio un film in linea con l'idea dell'Italia che Flaiano ha delineato negli anni '50: una società in preda al *boom* economico, che sta uscendo dal passato proiettandosi verso il futuro: «Questo tipo di società significa per lui soprattutto vitalismo e volgarità»[13]. Egli osserva, con rassegnato distacco e con profonda tristezza, i cambiamenti che stanno avvenendo in quegli anni nella città romana, che va trasfor-

10 E. FLAIANO, *Soltanto le parole*, cit., p. 90.

11 A. LONGONI, *Introduzione*, in *Opere scelte*, cit., p. XXIX.

12 Ivi, p. XXVI.

13 G. RUOZZI, *Ennio Flaiano, una verità personale*, Roma, Carocci editore, 2013, p. 15.

mandosi fino a sembrare un'altra città, con la modernità, mai apprezzata dall'autore, che invade la città eterna. Un lucido punto di vista quello di Flaiano-Fellini, confluito nella *Dolce vita*, che non risparmia l'individuo che percorre i cambiamenti del decennio: «in questo film il discorso uomo inesistente, gettato nel marasma del mondo, privo d'illusioni, si estende all'intera società, fondendo autobiografia e sociologia»[14].

Il film di Fellini nasce da questo bisogno di raccontarci come sono andate le cose per noi della nostra generazione che abbiamo creduto di poter sistemare le cose, le nostre faccende spirituali così come andavamo sistemando quelle economiche. Vuotando il bicchiere abbiamo visto che in fondo c'era il verme, ognuno ha reagito secondo la sua natura: chi ha ingollato anche il verme, chi ha gettato via il bicchiere, chi ha vomitato. Io continuo a vomitare. Ma senza recriminazioni[15].

Flaiano con Fellini descrive quella che viene definita la «società del caffè», è questa l'intenzione del film. Così come nel 1962 lo scrittore, in tre puntate, pubblica, sul settimanale «L'Europeo», *I Fogli di via Veneto*, poi raccolti nel volume postumo *La solitudine del satiro* (1973). Nella stessa, attraverso note e scritti sparsi, compresi dal decennio che va dal '52 al '62, ci narra la nascita della *Dolce vita*, «una strada, un film, un vecchio poeta. La strada è via Veneto, il film è La dolce vita, il poeta è Vincenzo Cardarelli»[16]. Avvicendamenti romani che percorrono principalmente via Veneto, dalla cosiddetta società del caffè, che Flaiano appunta negli anni: «società che folleggia tra l'erotismo, l'alienazione, la noia e l'improvviso benessere. È società che, passato lo spavento della guerra fredda e forse proprio per reazione, prospera un po' dappertutto, Ma qui a Roma, per una mescolanza di sacro e profano, di vecchio e di nuovo, per l'arrivo massiccio di stranieri, per il cinema, presenta caratteri più aggressivi»[17]. Gli anni Cinquanta trasformano radicalmente l'Italia e per Flaiano il simbolo di questa trasformazione è via Veneto, raccontata contrapponendo il vecchio e il nuovo, che in questi anni convivono nella stessa via: il nuovo mondo emergente e la vecchia figura di Cardarelli che fa contrasto a questi cambiamenti.

Può sembrare strano che Cardarelli abbia scelto via Veneto per viverci i suoi ultimi anni. Se c'è una strada che non dev'essergli mai piaciuta è proprio questa. [...] Oggi se ne stava al sole e aveva l'aria di approvare tutto, come il vecchio emigrante che ha fatto i soldi ed è tornato al suo

---

14 F. Celenza, *Le opere e i giorni di Ennio Flaiano. Ritratto d'autore*, Milano, Bevivino Editore, 2007, p. 38.

15 E. Flaiano, *Soltanto le parole*, cit., pp. 213-14.

16 E Flaiano, *La solitudine del satiro*, in *Opere. Scritti postumi*, cit., pp. 634-654. I fogli di via Veneto dimostrano come Flaiano fu molto legato all'influenza romana del poeta Cardarelli, che viveva a Roma dall'età di diciannove anni.

17 Ivi, pp. 623-624.

paese. [...] Quanto all'amore per il suo paese l'ha sfogato tutto nei libri e gliene deve essere rimasto ben poco. Sa che è l'ultima tappa.[18]

L'esperienza del cinema continuò per il resto della sua vita, e vanta, oltre a quella con Fellini, numerose collaborazioni, con Soldati, Monicelli, Rossellini, Antonioni e molti altri. Attività che portò Flaiano a intraprendere molti viaggi all'estero. Si recò ad Hong Kong nel '61, per il film di Gian Luigi Polidoro *Hong Kong, un addio*, esperienza che ispira il racconto *Oh Bombay*. Tra il 1965 e il 1966 visse tra Roma, Parigi e New York, e in quest'ultima viene ambientato il racconto *Melampus*, da un progetto cinematografico di *Melampo* che Flaiano tentò invano di dirigere personalmente e poi elaborò in forma narrativa, pubblicato nel 1970 nel volume *Il Gioco e il massacro*, formando un dittico con il racconto *Oh Bombay!*.

18 Ivi, pp. 630-631.

2 FLAIANO ROMANZIERE

2.1 PROLOGO PER UN PRIMO ROMANZO

In tutta la sua poliedrica attività di scrittore, come già accennato in precedenza, Flaiano è partito dal genere narrativo del romanzo fino ad approdare alla forma breve, frammentaria, dettata dall'incapacità della letteratura di rappresentare il mondo, a causa dell'inconoscibilità del reale e della «sfiducia nella letteratura, connessa ad una società che calpesta i sentimenti e la verità, che si affida a involucri esteriori contenenti il vuoto»[1].

Il suo primo e unico romanzo, *Tempo di uccidere*, è stato voluto fortemente dell'editore Leo Longanesi, che aveva notato le doti narrative mostrate in campo giornalistico da Flaiano. Longanesi nel 1946 manifestò l'intenzione, appena aperta la sua casa editrice, di pubblicare «assolutamente qualcosa di suo», capace di andare oltre le mode letterarie, suscitando l'incredulità dello scrittore: l'editore voleva abbattere, insieme a Flaiano, la barriera del neorealismo.

La nascita di *Tempo di uccidere* fu raccontata da Flaiano nel ricordo scritto nel 1957 in memoria dell'appena scomparso Longanesi e delle loro chiacchierate in birreria, dove avvenivano le continue esortazioni per la stesura di un romanzo[2].

Era il suo modo di convincere i pigri e i delusi della mia specie, in quella gioventù che il fascismo aveva se non bruciata certamente affumicata. [...] «Mi scrive un romanzo per i primi di marzo?». Io scoppiai a ridere, ma lui diceva sul serio. [...] Mi aveva ormai impegnato a un duro lavoro di esemplificazione delle mie idee, che probabilmente non sapevo fare.[3]

Flaiano, tra dicembre 1946 e marzo 1947, lavorò al manoscritto che, stampato nel maggio dello stesso anno, vinse la prima edizione del premio Strega. Da scrittore di articoli di giornale, Flaiano divenne un romanziere, ma la cosa non ebbe seguito. Non ci fu mai un secondo romanzo, tanto atteso da Longanesi, nonostante le continue sollecitazioni. Mancanza che ha fatto sì che lo scrittore venisse marchiato con il segno di incompiutezza artistica, dividendo molto la critica letteraria su di sé, cosa che Flaiano assorbì con la sua solita ironia, ma anche con amarez-

---

1 F. CELENZA, *Le opere e i giorni di Ennio Flaiano*, cit., p. 39.

2 Nell'inverno 1946 Flaiano si trasferì a Milano per lavorare nella redazione di «Omnibus». Qui incontra di nuovo Leo Longanesi, che da tempo gli chiedeva di pubblicare un romanzo.

3 E. FLAIANO, *La solitudine del satiro*, cit., pp. 544-546.

za: «"E adesso una domanda indiscreta: perché scrive tanto poco?" "Caro signore, io non ho una vocazione narrativa. Scrivo, che è una cosa molto diversa"»[4].

2.2 *TEMPO DI UCCIDERE: UN ROMANZO FUORI DAL TEMPO*

Flaiano: «romanziere inatteso», nel clima del dopoguerra italiano, dove tutti raccontano la propria esperienza, le angosce per una guerra appena passata, per testimoniare una crisi superata e la voglia di ricominciare, costruire un'Italia capace di spazzare via le ceneri del fascismo, certi dell'importanza dell'uomo nella storia. Affermare la verità, raccontare la realtà pura: si delinea in questa via la letteratura italiana del dopoguerra. Il neorealismo è in primo piano, con il suo linguaggio immediato che registra la realtà oggettiva di una guerra appena lasciata alle spalle, con atteggiamento di condanna, sintomo che lo spavento è ancora forte, con la figura dello scrittore attivo e impegnato, e la vitale convinzione che la letteratura possa dare, per poter contare, un apporto pratico alla trasformazione della società, un contributo alla storia.

Non si tratta di un movimento organico, ma di una tendenza a cui molti scrittori, e anche registi cinematografici, aderiscono. Tra gli scrittori più significativi, nell'immediato dopoguerra, c'è sicuramente Elio Vittorini, tra i più combattivi, con il suo *Uomini e no* (1945), che si propone di registrare la realtà negli anni della resistenza a Milano, dove i non uomini sono quelli del disimpegno sociale. Altri scrittori sono Pavese e Calvino, che abbracciano sì l'esperienza neorealista, almeno all'inizio della loro produzione letteraria, andando poi ben al di là.

Flaiano si colloca in quella cerchia di scrittori che, con il passare degli anni, perde la fiducia nella possibilità di un intervento diretto nella storia, attuando così una disimpegnata letteratura, che scavi dentro la profondità dell'io in personaggi che non hanno nulla di eroico, ma che rivelano, attraverso le loro azioni, il fallimento esistenziale dell'uomo, l'impossibilità di salvezza davanti a una nuova modernità che non dà scampo, che butta la società in un'immaginaria falsa condizione di benessere. Lo scrittore non rinuncia totalmente al naturalismo per quanto riguarda la struttura narrativa, piuttosto ribalta un ordine ormai consolidato tra l'ambientazione, l'azione e la psicologia dei personaggi, per una vicenda che si fa sempre più inafferrabile a causa della sfiducia riguardo al genere del romanzo, nonostante quest'ultimo sia sempre risultato sensibile agli eventi sociali e storici. Questa sfiducia verso le strutture narrative tradizionali si riflette nella disintegrazione del rapporto dell'uomo con la realtà a causa dell'inconoscibilità del reale. *Tempo di Uccidere*, con

4 In un'intervista a Flaiano su «Panorama» 11 agosto 1963, in *Opere. Scritti postumi*, cit., 655.

la sua velata indipendenza nel genere, entra a far parte, con il generale consenso, nel mondo della letteratura organizzata, ma con lo sguardo di chi guarda lontano, rinunciando all'attualità culturale e conferendo così un valore profetico tuttora riscontrabile con la nostra contemporaneità.

Siamo nel 1947, Flaiano vince il premio Strega al suo primo anno, in un momento in cui vengono inventati premi letterari per dare risalto all'importanza sociale della letteratura. Ennio, da scrittore di costume, diventa romanziere: attività a cui risponderà in futuro con un secco "no". Il 1947 è un anno ricco di testi che saranno colonne portanti della letteratura italiana del secondo Novecento, che cercano di dare un senso al proprio tempo; basti pensare a *Se questo è un uomo* di Primo levi, *Il sentiero dei nidi di ragno* di Calvino, *Il compagno* di Pavese, *La romana* di Moravia, *Cronaca familiare* e *Cronache di poveri amanti* di Vasco Pratolini, *Solitario in Arcadia* di Vincenzo Cardarelli, *Il cielo è rosso* di Giuseppe Berto. Flaiano si situa nel mezzo, dove «il suo apparire rompe una monotonia, rivela che qualche cosa di nuovo accade nel nostro paese»[5].

2.3 VICENDA AFRICANA: L'ANTICOLONIALISMO DI FLAIANO

Tempo di uccidere sembra lontano dalla narrativa italiana del dopoguerra, così estraniato dal neorealismo, dai resoconti di guerra e di prigionia, da svolgersi in Africa verso la fine della guerra in Etiopia del 1935-36, alla quale Flaiano aveva partecipato con il grado di sottotenente. Lo scrittore trasferisce così nel romanzo una tematica ormai non più in uso nella contemporaneità, vicina alle categorie del romanzo ottocentesco, al filone della letteratura coloniale, peraltro atipica, in quanto non si celebra l'inutile campagna imperialista del fascismo come nella letteratura coloniale precedente alla Seconda guerra mondiale. Flaiano «dopo centinaia di "romanzi coloniali", tutti falliti, ci dà il primo vero e potente e bello "romanzo coloniale" italiano, ed un romanzo di netto e profondo ripudio dell'Africa»[6], conferendo quella originalità che spiazza la critica e i suoi lettori.

Viene da pensare, in riferimento all'esperienza diretta che l'autore ebbe in quella guerra, al quadernetto di appunti *Aethiopia*, come un riferimento utile per capire chiavi importanti nascoste all'interno del romanzo. Ma gli indizi sono precari, non è cronaca di guerra, l'Africa non è riportata con meticolose descrizioni, anzi, viene trasfigurata quasi a messinscena teatrale con tratti fantastici e onirici. L'Africa e la guerra sono

5 E. EMANUELLI, *Flaiano romanziere inatteso*, con Tempo di uccidere *si è vendicato dell'Etiopia*, in «L'Europeo», 20 luglio 1947.

6 S. FRATI (pseudonimo di Giovanni Ansaldo), *Tempo di uccidere*, in «Il libraio», 15 giugno 1947, pp. 3-12.

tratti simbolici, tra i tanti sparsi nel romanzo, della vicenda psicologica della coscienza del protagonista, che si sovrappone alla realtà di quegli eventi: «Flaiano decide di proiettare quegli avvenimenti in una inaspettata astrazione»[7].

Ci sono le descrizioni delle scene, ma i tratti sono generici, alberi, animali e cadaveri sembrano fusi in un'unica scena: fanno dell'Africa non un luogo geografico, ma fuori dal tempo, in una dimensione inquietante e confusa, in cui i diversi dati realistici non sono correlati alla realtà: sono aspetti misteriosi di una natura selvaggia, frammentaria e impenetrabile. Nel 1988 Maria Corti scrive che «nel romanzo l'Africa è un fondale, uno scenario lievemente onirico»[8]. È presente tutto ciò che la guerra ingloba: le vittime, le rappresaglie dei soldati e l'insensatezza che la delinea: «i sentieri dell'Africa puzzano ormai di muli morti, di resti di muli divorati dagli animali notturni, di teschi che ridevano e brulicavano di vermi»[9]. A incutere timore non sono le bestie e le fiere del paesaggio africano, ma i soldati italiani, pieni di cinismo, vuoti di rispetto per l'indifeso abitante africano e pieni di ideali costruiti ad arte dal regime fascista per giustificare l'atto imperialista e la vanità di quell'impresa. Già in *Aethiopia* si rivela il rifiuto di Flaiano verso quella invasione inutile, verso i soprusi e le violenze; come nelle pagine del romanzo, l'atteggiamento del protagonista spesso critico sia nei confronti della campagna d'Etiopia sia verso gli atteggiamenti disumani della truppa e degli ufficiali italiani, non cancella la sensazione di un testo letterario che riproduce tutto ciò che l'ideologia colonialista italiana ha costruito nel tempo, ma in profondità: «Tempo di uccidere è decisamente un'altra cosa»[10].

> Quando la campagna sarà finita non pochi si precipiteranno a scrivere dei libri. Già immagino il contenuto e i titoli: "Fiamme nel Tigrai", "Africa te teneo", "Tricolore sull'Ambra"! E i giornalisti? Chi ci salverà da questi cuochi della realtà?[11]

Si può ritenere provocatoria la scelta di Flaiano di collocare i tempi e i temi del romanzo al di fuori del contesto nazionale, della nascente Italia repubblicana o della guerra appena preceduta, tanto in voga ai tempi; egli proietta il racconto fuori dal tempo, come a farlo sentire fuori luogo, come del resto erano anche i sentimenti che l'autore nutriva verso se stesso. Nel 1947 Francesco Jovine scrisse che, dopo le prime pagine del romanzo, «non si tratta più dell'Etiopia o di un'epoca determinata; sia-

7 A. Longoni, *Introduzione*, in *Opere scelte*, cit., p. XIV.

8 M. Corti, *Introduzione*, in *Opere. Scritti postumi*, cit., p. XXVII.

9 E. Flaiano, *Tempo di uccidere*, in *Opere scelte*, cit., p. 11.

10 Longoni, *Introduzione*, in *Opere scelte*, cit., p. XIV.

11 E. Flaiano, *Aethiopia. Appunti per una canzonetta*, in *Opere 1947-1972*, a cura di M. Corti e A. Longoni, Milano, Bompiani, 1990, p. 268.

mo nell'anno zero delle generazioni, alle radici prime dei rapporti umani, alla primordiale nascita del peccato, del rimorso, generazioni, alle radici prime dei rapporti umani, alla primordiale nascita del peccato, del
rimorso, del senso della caduta irreparabile insita nel nostro povero destino di uomini»[12]. La scelta del contesto non italiano è per trarre una verità
universale, un'identità assoluta dell'italiano, ma, forse, anche dell'umano
con l'attenzione rivolta all'orizzonte italiano come misura della società,
raccontando un *io* che si dimena in mille acrobazie per arginare la realtà, verso un inconsapevole rifiuto di essa, rappresentabile solo attraverso
disseminate allegorie. Si ricerca una verità universale dell'identità italiana che rende l'ambientazione del tutto relativa, come testimonia lo stesso Flaiano in una lettera del 10 maggio 1950 al regista americano Jules
Dassin, che del romanzo era intenzionato a farne un film, però preferen-
do l'ambientazione dell'Africa del nord all'Etiopia:

Trovo che la sua idea di trasportare l'azione in Africa del nord al tempo dello sbarco
americano è buona. Io non tengo particolarmente all'Abissinia, anche perché il luogo
nel mio romanzo ha una funzione puramente indicativa. Tutta quella tragedia potrebbe essere successa in una stanza[13].

Il paesaggio africano che fa da sfondo alla vicenda è privo di profondità: un quadro esotico dall'ascendenza di Conrad, un luogo dell'estranei-
tà in cui si viene buttati nella guerra. Flaiano non ama l'Africa conqui-
stata dai fascisti: «se in una terra nasce la iena ci deve essere qualcosa di
guasto». Osserviamo che non si parla apertamente di fascismo, «ma nel
romanzo si respira l'aria di quegli anni, di cui il fascismo è insieme causa ed espressione»[14].

Tempo di uccidere è un romanzo allegorico, nel senso moderno del termine, come *Il processo* di Kafka e *La peste* di Camus, e reca in fondo tutta una serie di significati. Dietro la sobrietà della sua prosa «tutta nervi»
persistono interrogativi non risolti e dubbi angosciosi sulla condizione
umana, come la fortezza del *Deserto dei Tartari*, allegoria di un'estrema
difesa dell'uomo dai dubbi che la vita reca. In linea, possiamo dire, con il
romanzo moderno europeo dalla componente esistenziale e critica.

---

12 F. JOVINE, *Tempo di uccidere*, in «La Fiera letteraria», 13 novembre 1947, p. 6, poi in *La critica
e Flaiano*, a cura di L. SERGIACOMO, Pescara, Ediars, 1992, pp, 98-100, p. 99.
13 E. FLAIANO, *Soltanto le parole*, cit., pp. 29-30.
14 G. RUOZZI, *Ennio Flaiano, una verità personale*, cit., p. 45.

Tempo di uccidere è la narrazione in prima persona delle disavventure di un giovane tenente italiano, le cui digressioni fanno pensare a un personaggio colto, amante della letteratura, consapevole dello scempio della conquista italiana in Abissinia. Un personaggio in preda ai giochi della coscienza dettati da un implacabile senso di colpa, che va maturando via via dopo un nefasto scontro con il caso (tema molto caro a Flaiano), che dà il via alla vicenda.

La trama è ben nota, una dinamica gravida di conseguenze che sembra nascondere un oscuro disegno del destino: un mal di denti, il bisogno di curarlo, il rovesciamento dell'autocarro che trasporta il giovane protagonista verso il più vicino presidio medico. Impaziente di aspettare i soccorsi decide di avventurarsi a piedi. Vagando nella natura africana dopo aver perso le tracce della scorciatoia indicata da un operaio italiano, incontra una giovane africana di nome Mariam: un incontro di natura sessuale che si trasforma, per un terribile gioco del caso, in omicidio; il tenente credendo, nel buio della notte, l'avvicinarsi di un minaccioso animale notturno, con un colpo di pistola ferisce la donna per poi ucciderla, con la giustificazione, sospinto da una perversa logica, di non farla soffrire a lungo; anche se l'atmosfera paranoica non renderà chiara la circostanza del terribile fatto. Fatalità che porta a svelare la natura ambigua della narrazione e di conseguenza anche del protagonista:

No, sarei rimasto. Vada al diavolo la rispettabilità, la legge e tutto il resto. Non potevo abbandonarla, anche se il mio gesto fosse rimasto incompreso. Dovevo correre al villaggio, trovare la strada del villaggio, farmi aiutare.[15]

Dovevo ucciderla. Molte ragioni mi consigliavano di ucciderla, tutte egualmente forti. Dovevo finirla e nascondere il cadavere. E, soprattutto, non perdere tempo: l'alba era già spuntata[16].

La storia è narrata attraverso il punto di vista del tenente, un racconto in prima persona che dà al lettore l'accesso alla complessa psiche del protagonista. Racconta gli eventi da una prospettiva futura: egli è a conoscenza dello sviluppo dei fatti, è un narratore onnisciente, ma non attendibile, dilaniato dal senso di colpa cerca costantemente di giustificare le sue azioni a favore della propria coscienza cercando di falsificare la natura degli eventi, «egli pensa al proprio tornaconto, come ai soldati italiani in Etiopia, come il fascismo in Africa e in Italia; dà pertanto una visio-

---

15 E. FLAIANO, *Tempo di uccidere*, cit., p. 45.
16 *Ibid.*

ne condizionata dei fatti, basata su quello che vuole farci credere. Flaiano allestisce un abile gioco delle parti, che costituisce l'oliato meccanismo del romanzo e parte considerevole del suo fascino»[17]. L'autore gestisce sapientemente l'aspetto della finzione nella tensione tra il personaggio e il narratore, crea una distanza tra le due parti. Il tenente colonizzatore è, al tempo della vicenda, indifferente e quasi sprezzante verso l'altro, che vede l'africano come abitante di uno zoo, mettendo costantemente a confronto le loro usanze con quelle occidentali. La nostalgia della vita in Italia e il ricordo di Lei, la donna che attende il suo ritorno, che tiene vivo attraverso il pacco di lettere che porta con sé: sono forse anch'essi segnali della malinconia del personaggio e l'aggravarsi del disprezzo per la terra africana, o forse semplicemente il disprezzo è solo verso se stesso e le sue azioni. Mentre il narratore, avanti nel tempo, più maturo rispetto ai tempi della vicenda narrata, ha una maggiore apertura alla differenza culturale delle terre colonizzate e lo manifesta attraverso gli spunti di ironia nei confronti del protagonista, visto con l'occhio critico di chi nel tempo ha superato i preconcetti della superiorità del colonizzatore, traducendo ulteriormente il sentimento anticoloniale dello scrittore pescarese.

Perché non capivo quella gente? Erano tristi animali, invecchiati in una terra senza uscita, erano grandi camminatori, grandi conoscitori di scorciatoie, forse saggi, ma antichi e incolti. Nessuno si faceva la barba ascoltando le prime notizie, né le loro colazioni erano rese più eccitanti dai fogli ancora freschi d'inchiostro. Potevano vivere conoscendo soltanto cento parole. Da una parte il Bello e il Buono, dall'altra il Brutto e il Cattivo. Avevano dimenticato tutto delle loro epoche splendenti e soltanto una fede superstiziosa dava alle loro anime ormai elementari la forza di resistere in un mondo pieno di sorprese. Nei miei occhi c'erano duemila anni di più e lei lo sentiva.[18]

Un cammino segnato dal caso, da un omicidio a cui il protagonista non può sfuggire, che rimane vivo nella sua mente. Il continuo dialogo mentale, atto a cercare una giustificazione per pulire un'incerta coscienza, si trasforma in flusso di ragionamenti sul perché delle sue azioni, senza mai giungere alla completa irrazionalità, in un estremo sforzo di razionalizzazione nel valutare tutte le possibili conseguenze di ciò che si appresta a fare, ma con una predisposizione alla contraddizione nelle modalità interpretative della realtà dei fatti. È presente una paranoia manifesta in una continua fuga allucinatoria dall'Africa, dai soldati, da un improbabile arresto (convinto che tutti i suoi commilitoni siano a conoscenza dello "sfortunato" delitto e nel tentativo spesso goffo di sfuggire a qualsiasi accusa, il tenente si troverà ad affrontare i suoi superiori con involontari e a tratti comici atteggiamenti di sfida) e da un'inesistente ma-

---

17 G. Ruozzi, *Ennio Flaiano, una verità personale*, cit., p. 47.
18 E. Flaiano, *Tempo di uccidere*, cit., p. 24.

lattia contratta nell'incontro sessuale con Mariam. Una ferita aperta alla mano, sintomo di un possibile contagio da lebbra, ha nel corso del libro un'importanza fondamentale: è il focalizzarsi del suo rimorso, della sua colpa, che porta all'aumento dell'atteggiamento paranoico del protagonista, impedendo una qualsiasi sicura e definita valutazione; un andirivieni tra razionalità e panico, e il dubbio della malattia non gli lascia scampo, occupando tutto il suo spazio mentale e scatenando un vortice di ossessione folle. «Pensavo che qualcosa era nato in me, che non sarebbe più morto. Era nato al contatto al buio con quella donna»[19]. Questa convinzione, supportata dalle macchie grigie e rosee che egli vede sulle mani, altre che gli compaiono sul ventre e sulle braccia, la conferma che crede di avere dalle illustrazioni di un libro di medicina, lo gettano nella disperazione e, nei successivi incontri, essa diventa radicale: ruba denaro a un maggiore che poi tenta di uccidere per evitare di essere denunciato, cerca di imbarcarsi clandestinamente e, soprattutto, nasconde a chiunque incontri la sua malattia e tenta di uccidere chi può averla intuita, come nell'emblematico incontro, governato dalla paranoia, con il medico del campo :

La gola mi si strinse. Voleva denunciarmi. O forse no. Ma se si decideva di muoversi, lui, era segno che voleva denunciarmi. Poiché indugiava a cercare qualcosa sul tavolo, fui preso dall'impulso di fuggire, ma le gambe non mi obbedivano. [...] Voleva stare al mio giuoco, ma nei suoi occhi vidi l'improvvisa pietà per il male che già mi sconvolgeva[20].

Il narratore, senza mai portare il racconto a toni enfatici e patetici, giunge a mostrarci come la coscienza prenda consapevolezza del proprio delitto e delle inattese e terribili conseguenze. Il romanzo si incentra sulla crisi esistenziale dell'io narrante: l'amore che porta al delitto, all'angoscia e ai timori, a cui conseguono il bisogno di fuga e la liberazione dalla straziante solitudine, ma avvertita come necessaria. Flaiano, tramite l'altalenarsi di stati d'animo, dà al lettore una descrizione di un mediocre personaggio. Un'indagine umana che svilupperà anche nei successivi racconti, quali *Una e una notte*, *Melampus*, *Oh Bombay*, oltre che nei testi diaristici. L'io narrante del romanzo è il primo «personaggio indeciso o semplicemente mediocre»[21], parodia del guerriero e del conquistatore; egli rappresenta l'allegoria della società di massa, di quell'Italia del *boom* economico, che passa dal fascismo alla democrazia, raccontata attraverso gli uomini asserviti al potere durante gli anni del fascismo. Flaiano ha dietro di sé grandi modelli letterari italiani ed europei che sono in linea con questo tipo di personaggio, da Leonard Bloom dell'*Ulisse* di James

19 *Ibid.*
20 Ivi, p. 128.
21 E. FLAIANO, *Una e una notte*, in *Opere 1947-1972*, cit., p. 524.

Joyce ad Hans Castorp della *Montagna incantata* di Thomas Mann, e, come molti critici hanno individuato, analogie con scrittori come Conrad, Kafka, Stevenson, Morand e Giraudoux.

La storia del tenente italiano non è semplice stigmatizzazione della guerra. Il romanzo, nella sua mancanza di verità, è un viaggio individuale di un personaggio inautentico e falso come la vicenda in cui è immerso: «una guerra senza odio»[22] in una tediosa e insignificante realtà. Lo sdoppiamento del protagonista si fa via via consapevole al lettore, la sua mente influenzata dai continui ragionamenti contraddittori influenza anche l'azione: tutto diventa mistero, incertezza, e la realtà si fa sempre più inafferrabile, rivelando la sua inconsistenza. L'unica realtà esistente e conoscibile è quella estesa della soggettività del personaggio, quella del sospetto e del dubbio per poter definire la propria colpa, in bilico tra il bene e il male: è un bene uccidere la ragazza per non farla soffrire, mentre il male è il trascorrere il tempo dei giorni della licenza, celando dietro soltanto l'indifferenza del colonizzatore nel voler agire, nel prestare un significativo soccorso. Il bene è perpetuato attraverso il male, senza volontà né consapevolezza: l'incapacità di compiere la propria parte con chiarezza, con gesti che non corrispondono mai alle reali intenzioni, e le universali categorie del bene e del male si proiettano al di là di essi, diventano principi relativi, nel più classico amorale esistenzialismo, nella continua ricerca di senso per una vicenda, che, come la storia e la vita, non ne ha: è il bisogno del tenente per poter vivere alleggerendo le proprie ombre che lo accompagnano e per dare un perché a quel destino che lo ha colpito come una punizione divina, ma che invece porta tutto il peso delle sue scelte. La ricerca di sé trasfigura la realtà e scarica tutta la responsabilità sulle circostanze, rendendo sempre più difficile l'oggettivazione, e l'incertezza diviene il motore di *Tempo di uccidere*; lo sdoppiamento del narratore personaggio si rifà molto all'incertezza kafkiana, come sottolineato da Alberto Moravia nel suo saggio *L'ottimista di umor nero*. L'atteggiamento del giovane tenente diventa ridicolo: la sua insicurezza si manifesta nella convinzione, assolutamente infondata, di cogliere nelle parole dei suoi interlocutori allusioni al delitto commesso e alla presunta malattia contratta.

Il viaggio del tenente, accompagnato dal senso di colpa, metabolizzato in una malattia inesistente come reazione dell'inconscio, perché incapace di affrontarla nella consapevole coscienza, sembra non essere generato da un terribile gioco del caso, così che umanamente si possa avere una magra consolazione alle proprie azioni, ma da un involontario agi-

---

22 E. GIAMMATTEI, *Ennio Flaiano fra moralismo e scetticismo*, in «Nord e sud» ottobre 1974, poi, con il titolo *Fra moralismo e scetticismo,* in *La critica e Flaiano*, cit., pp. 31-41, p. 36.

re dell'uomo che non può trovare giustificazione nella sfortuna del proprio fato: tutto è conseguenza della volontà che è nascosta dietro un'abile retorica.

Lo scollamento, l'inconsapevolezza dell'uomo, in termini generali, è il vero dramma che Flaiano vuole esplicare nel romanzo, in cui la vicenda del tenente si fa allegoria della moderna condizione umana, dove non si intravede una via di liberazione: «L'allegoria è tutto il viaggio che il protagonista percorre, a partire dalla scelta della scorciatoia per ritornare alla base per curarsi il dente malato: il villaggio sconvolto, la ragazza con il turbante della lebbra, le tenebre dense di immagini e di pericoli, che sono quelli della confusa coscienza, non tanto quelli dell'Africa di animali feroci; poi la fuga, la quasi diserzione, l'inutile colloquio con l'ufficiale medico nel luogo dove ogni malattia moderna va a finire nell'illusione di ottenere la guarigione o, almeno subdolamente dal male, cioè l'infermeria»[23].

Il viaggio dell'inetto protagonista è circolare, non va molto al di là di dove il tutto è cominciato, non molto oltre il luogo dell'incontro con la ragazza. È chiuso in questa spirale in cui si sente costretto a compiere il male per il suo bene: tenta di uccidere il medico che sembra abbia capito la sua malattia, in quanto il tenente maldestramente rivela dettagli significativi utili all'intuizione di essa, cerca di sabotare il veicolo in cui viaggia il maggiore per evitare che possa denunciare il furto del denaro utile a tornare clandestinamente in Italia; ma la circolarità della situazione si conclude dove tutto è cominciato: il protagonista rimane nascosto nelle vicinanze del suo peccato originale, nel villaggio quasi deserto della ragazza uccisa, accolto dal vecchio Johaness, che probabilmente sa tutto dell'accaduto, e si nasconde per sfuggire dai carabinieri che crede lo stiano cercando. Qui scopre che la ferita alla mano non è grave, non è dettata dalla lebbra, gli viene curata da Johannes con impacchi di erbe. La ricostruzione finale dell'amico sottotenente rivela tutta l'ambiguità di questo viaggio, non dà una spiegazione degli eventi accaduti come caotici, contraddittori, causati dalla sfortuna dalla quale il protagonista si sentiva perseguitato: forse la ragazza non aveva la lebbra, il medico scherzava sui sintomi, il maggiore non era morto e non lo aveva mai denunciato, i carabinieri non lo avevano mai cercato e la presunta malattia, guarita con la più semplice delle cure, non poteva scientificamente essere lebbra. Ma in *Tempo di uccidere* gli eventi sono realmente accaduti o soltanto immaginati? L'unica certezza è il dubbio. Però «qualcosa di traumatico è accaduto, i morti sono veri, ma sembra che non se ne trovino più le trac-

23 G. BÀRBERI SQUAROTTI, *Un romanzo esemplare*, in AA.VV. *Ennio Flaiano: incontri critici con l'opera*, Pescara 1982-2002, Pescara, Ediars, 2003, pp. 213-218, p. 214.

ce»[24]. Flaiano non ci consegna risposte su ciò che è accaduto davvero, il tutto rivela solo l'inettitudine e l'incapacità del protagonista di assumersi le proprie responsabilità, la stoltezza di avere assunto semplicemente i panni del colonizzatore che invade, uccide e possiede le donne abissine. La coscienza nevrotica del protagonista, dopo aver scoperto di non esser mai stato infettato dalla lebbra, non ha più la necessità di espiazione. Non c'era nessuna liberazione esistenziale se non, egoisticamente, quella della propria coscienza; nessuna scelta tra bene o il male, ma soltanto la scelta tra due strade che portano comunque alla rivelazione dell'inconsistenza del reale e della sua dissoluzione. La realtà non è interpretabile con un significato, è semplicemente ambigua e casuale.

«Capisco» dissi «e se non sbaglio, tu tenderesti a far ricadere la responsabilità del massacro sul mio colpo di rivoltella. Di questo passo, l'avvenire dell'Africa sarà stato compromesso dal mio colpo di rivoltella».
«No» disse il sottotenente «il massacro conclude un seguito di disgraziate circostanze iniziato dal tuo colpo di rivoltella. E, a sua volta, il tuo colpo di rivoltella conclude un seguito di disgraziate circostanze. Quale fu la prima di queste? Se potessimo saperlo avremmo la chiave della tua storia. Invece così ci appare non più importante di una partita a dadi, dove tutto è affidato al caso [...]. Come tutte la storie di questo mondo, anche la tua sfugge ad un'indagine. A meno che non si voglia ammettere che "le digraziate circostanze" ti seguivano, perché facevano parte della tua persona. Obbedivano soltanto a te. Eri tu, insomma. Ma dove rifarsi? Come cavarne una morale? Eccoti diventato una persona saggia, da quel giovane superficiale che eri, e solo per virtù di qualche assassinio che hai commesso senza annettergli la minima importanza. Mi congratulo»[25].

Tempo di uccidere termina senza una conclusione definitiva; nessuno si è interessato del giovane tenente e nessuno si è accorto di ciò che ha fatto. È significativo che l'ultimo capitolo si intitoli *Punti oscuri*, dove il giovane, ritornato all'accampamento militare, ha narrato la sua storia all'amico sottotenente e tutto è stato sentenziato in nome del caso, dell'incapacità di poterlo comprendere; viene svelata la totale indifferenza che i soldati italiani nutrono nei confronti di quel luogo oggetto di conquista e dei suoi abitanti: «il prossimo è troppo occupato coi propri delitti per accorgersi dei nostri». La storia non ha insegnato nulla.

Quando il capitano seppe che avevo usufruito la licenza in Italia, disse che mi avrebbe proposto per gli arresti. Poi aggiunse che me lo sarei meritato e andò via per non ridere. Passando dietro la tenda, sentii che raccontava ad altri la mia avventura. [...] Forse una donna, la solita donna. Rideva. Dunque, nemmeno gli arresti semplici da segnalare sul foglio matricolare[26].

---

24 G. Bàrberi Squarotti, *Flaiano narratore*, in *Ennio Flaiano, incontri critici con l'opera*, cit., pp. 45-68, p. 61.
25 E. Flaiano, *Tempo di uccidere*, cit., p. 236. Il sottotenente nell'ultimo capitolo del romanzo trae le sue conclusioni riguardo alla storia raccontata dal tenente protagonista.
26 Ivi, p. 234.

La storia si conclude con il suono della tromba, non quella biblica del giudizio per il protagonista, lui che con le pagine della Bibbia ha fatto cartine per sigarette. È il trombettiere del campo che dà la sveglia ai soldati per prepararsi al rimpatrio, calando così il silenzio sui crimini commessi. «"è una tromba abbastanza comica per il mio giudizio" dissi "ma a ciascuno la sua tromba"».[27]

2.5 MARIAM: FIGURA PERTURBANTE DEL ROMANZO

Relativamente all'incontro con la bellissima etiope, la donna osservata nell'atto di lavarsi presso la larga pozza di un fiume, sullo sfondo di una natura selvaggia e incontaminata, viene fornita dal narratore una descrizione di ispirazione rondista, vicina alla rinnovata classicità poetica del poeta Vincenzo Cardarelli.

[...] era davvero una di quelle bellezze che si accettano con timore e riportano a tempi molto lontani, non del tutto sommersi nella memoria. O, che ritroviamo nei sogni, e allora non sappiamo se appartengono al passato o al futuro [...].
Vedevo la sua pelle chiara e splendida, animata da un sangue denso, «un sangue avvezzo alla malinconia di questa terra» pensai.
Forse lei non ne sapeva niente della sua bellezza[28].

Di fronte alla donna il giovane tenente si trova in difficoltà. L'atteggiamento e le intenzioni di lei, tra seduzione, obbedienza e riluttanza ai tentativi di essere toccata, appaiono inspiegabili agli occhi del giovane. Gli interrogativi si fanno più profondi nel corso della fugace relazione, superando l'iniziale sentimento di superiorità del colonizzatore.

Forse come tutti i soldati conquistati di questo mondo, presumevo di conoscere la psicologia dei conquistati. Mi sentivo troppo diverso da loro, per ammettere che avessero altri pensieri oltre a quelli suggeriti dalla più elementare natura. Forse reputavo quegli esseri troppo semplici. Ma dovevo insistere: gli occhi di lei mi guardavano da duemila anni, con il muto rimprovero per un'eredità trascurata. E mi accorgevo che nella sua indolente difesa c'era anche la speranza di soccombere[29].

Mariam si rivela la conseguenza di un latente desiderio sessuale, che lentamente fa soccombere l'uomo, il quale non ha forza di frenare i propri istinti. Il ricordo di Lei, la moglie lontana, pare essere solo un elemento autobiografico del personaggio, ma la sua funzione è significativa: nel-

27 Ivi, p. 244.
28 Ivi, p. 19.
29 Ivi, p. 24.

la prima parte del romanzo assume una funzione rassicuratrice, per poi diventare una meta verso la felicità, una normalità da riconquistare, anche se il «futuro, e pertanto anche Lei, si svuotano però progressivamente di significato, perché l'inetto finisce con l'individuare nella moglie il vero mandante dell'omicidio commesso. Lui ha ucciso perché voleva a tutti i costi ritornare da Lei; Mariam ferita… costituiva un intralcio per la licenza, il rischio di un processo scandaloso, un'offesa per la moglie»[30].

Mariam è il perturbante, lo straniamento del protagonista e della vicenda; rappresenta l'immagine dell'altro, la diversità culturale e antropologica in un inedito confronto tra natura e cultura. Il tenente è travolto, nascondendosi con la retorica di chi vuole ingannare se stesso nella solitudine dell'incomunicabilità.

Si può impedire a un uomo di soddisfare i suoi desideri, quando questi non lasciano traccia, futili come sono? [...].
Non era nemmeno tradimento, ma un omaggio alla lunga noia dell'esilio[31].

Sappiamo che la vicenda amorosa ha un finale inaspettato, con lo sfortunato omicidio della ragazza, avviando una dinamica narrativa di sviluppi inediti, tra caso, volontà, irresponsabilità, colpevolezza e fallimentari istinti omicidi gettando la storia nel vortice di contraddizioni e ambiguità del pensiero del personaggio di Flaiano; perseguitato dalle sue ombre, come quella dell'animale che lo aggredisce nella notte: una figurata aggressione della coscienza.

La bella etiope innesca involontariamente un processo di svelamento dell'artificiosità dell'io nei confronti della realtà, con il tipico procedimento dei romanzi esistenzialisti europei. Nel corso della vicenda il protagonista dà alla figura di Mariam diversi ruoli e definizioni: da presenza ingombrante a vendicatrice malvagia attuatrice di un oscuro disegno del destino, e solo nell'ultimo capitolo c'è una presa di coscienza del vero ruolo che Mariam ha assunto per se stesso:

L'aver ucciso Mariam ora mi appariva un delitto indispensabile, ma non per la ragioni che me l'avevano suggerito. Più che un delitto, anzi, mi appariva una crisi, una malattia, che mi avrebbe difeso per sempre, rivelandomi a me stesso. Amavo, ora, la mia vittima e potevo temere soltanto che mi abbandonasse[32].

---

30 L. SERGIACOMO, *Il tema dell'inettitudine in «Tempo di uccidere»*, in *Ennio Flaiano, incontri critici con l'opera*, cit., p. 246.

31 E. FLAIANO, *Tempo di uccidere*, cit., p. 22.

32 Ivi, p. 237.

Tempo di uccidere rappresenta la prima manifestazione dell'indipendenza intellettuale di Flaiano e del suo essere fuori dagli schemi. Il suo romanzo colpisce il lettore, differenziandosi dalla letteratura del tempo, con una costruzione narrativa, tipica di un romanzo poliziesco, seguendo una linea simile a quella del capolavoro *Quer pasticciaccio brutto de via Merulana* di Carlo Emilio Gadda, autore molto letto da Flaiano. *Tempo di uccidere* però è raccontato dal punto di vista del colpevole. Con abili strategie retoriche, nel salto temporale che divide il tempo della narrazione dai fatti raccontati, il lettore è proiettato nell'incertezza, costretto a ricostruire la vicenda seguendo un inattendibile narratore, che si svela incapace di questo compito nella sua situazione di straniamento e disagio, diversamente dal romanzo giallo dove l'investigatore mette insieme gli indizi e dà una conclusiva spiegazione alla storia. In ciò Flaiano ci trasmette la sottile allegoria dell'incapacità e il fallimento del romanzo di poter rappresentare la realtà e dare una morale e un senso all'esistenza: la verità delle vicende umane manovrate dal caso è impossibile da argomentare in una determinata forma narrativa; oltre alla polemica dell'individuo disorientato nella degradante modernità. È necessario ricorrere all'allegoria. Evidente è che dietro la natura simbolica della rappresentazione, dalla scorciatoia, alla palude abitata dai coccodrilli, all'Hargez (significato di coccodrillo nella lingua abissina) e alla Bibbia che il protagonista porta con sé, si nasconde una valenza allegorica ben significativa: sia il simbolo sia l'allegoria sono centrali nel romanzo di Flaiano, e portano su un altro possibile piano di significazione ogni elemento testuale, coerente con la sua linea antiretorica.

Non si può che ricorrere all'allegoria per tentare di rappresentare la realtà, ormai nascosta dalla retorica della parola, e in *Tempo di uccidere* vi è riconoscibile la crisi della parola, il fallimento del codice linguistico, la deriva dei significati, come nel incontro tra il giovane ufficiale e la bella Mariam, in cui la conversazione è tirata avanti con la primitiva gestualità e con gli schizzi disegnati sul taccuino. Allegoria che si cela è quella della perdita di significato, l'inconsistenza della retorica della letteratura smascherata dall'ambiente africano: «il sole cadde all'orizzonte, stanco di sostenere più a lungo la commedia del tramonto africano»[33]. La realtà manda segnali e i loro significati hanno il bisogno di essere cercati altrove, oltre il processo di significazione a noi conosciuto; sintomo evidente della crisi esistenziale dell'uomo che all'indomani del secondo conflitto bellico e dello sconquasso generato non riesce a dare una consistente interpretazione della realtà, dove è perduta la certezza del rapporto fra segno e

---

33 Ivi, p. 31.

significato, e la forma del romanzo non è sufficiente. Una crisi della letteratura di cui Flaiano, secondo Pullini, non è interprete, ma la personifica.

L'interpretazione delle allegorie in *Tempo di uccidere* è condizionata dal soggettivismo del protagonista, a sottolineare l'impossibilità di un'interpretazione univoca e definitiva delle rappresentazioni simboliche, definendo così la solitudine psicologica ed esistenziale dell'uomo contemporaneo. Il romanzo è «l'allegoria del viaggio della conoscenza»[34], che non si può raggiungere tramite la letteratura, incapace di comunicare il senso del presente. In questo Flaiano si rivolge in maniera significativa agli intellettuali del tempo e si oppone all'ascesa dei miti e delle ideologie nascenti, nei fervori della ricostruzione, fiduciose di un prospero futuro, di una nuova Italia di solide fondamenta. Ma non consideravano che la natura umana è più complessa ed estesa rispetto a quella raccontata dalla letteratura neorealista.

Un altro elemento molto importante nella simbologia di *Tempo di uccidere* è presente già nel titolo del primo capitolo: *La scorciatoia*. Quest'ultima ha anche una valenza simbolica che abbraccia tutta la narrativa di Flaiano e ne riassume lo stile: «Le scorciatoie si accettano, non si discutono»[35]. La scorciatoia, oltre al significato letterale di una strada alternativa, sottolinea il tono della scrittura dell'autore, dal taglio epigrammatico, una prosa molto segmentata e aforistica in cui l'io narrante espone le verità della propria interiorità; alcuni esempi: «Io cercavo la sapienza nei libri e lei la possedeva negli occhi»; «Un buon scrittore non precisa mai»; «Così, ero affannato da voci nostalgiche, che aggiungevano alla mia malinconia la noia di ricordi inutili»[36].

Tempo di uccidere è disseminato di osservazioni e considerazioni, come un nuovo procedimento romanzesco in cui Flaiano introduce queste riflessioni nel procedimento narrativo per bocca del tenente nella quale riscontriamo, per via del racconto in prima persona, l'intellettualità dell'autore. Questa passione per la brevità aforistica la troviamo anche nei personaggi creati dall'autore: il medico che in *Tempo di uccidere* ha il gusto della lettura aforistica, specchio della sua noia e pigrizia; *Adriano*, dell'omonimo racconto nel dittico *Una e una notte*, è anch'esso un amante degli scrittori dal taglio aforistico: sono quasi autoritratti che Flaiano fa di se stesso.

Molte di queste riflessioni in seguito sono estrapolate e/o confluite nei numerosi articoli di giornale, nei diversi diari e nelle interviste rilasciate. La brevità della scrittura dell'autore, per molti critici, va a simboleggiare il suo carattere definito pigro, andando a semplificare il rapporto peculiare tra noia, solitudine, malinconia, caso e nostalgia, che sono i temi prediletti di un'intera vita dedicata alle diverse manifestazione artistiche, e che fa della pigrizia solo una facciata apparente, che i critici, a causa di un uni-

---

34 G. Bàrberi Squarotti, *Un romanzo esemplare*, cit., p. 216.

35 E. Flaiano, *Tempo di uccidere*, in cit., p. 10.

36 Ivi, p. 21, p. 133, p. 59. Cfr. G. Ruozzi, *Ennio Flaiano, una verità personale*, cit., pp. 86-87.

co romanzo dato alle stampe, hanno individuato in Flaiano, destinando a una rivalutazione postuma la sua segmentazione letteraria. Scrive Flaiano nel suo unico romanzo, attribuendo la sua passione aforistica, come scritto sopra, al medico militare:

Era uno di quei pigri che amano la solitudine e sanno difenderla. S'era messo lì, lontano da tutti, perché l'Africa gli aveva sviluppato un solo timore: quello di essere disturbato. Sfidava ogni pericolo pur di alimentare la sua dolcissima noia, leggeva giornali vecchi di un mese, forse non aspettava nemmeno il giorno del ritorno, tutto doveva essergli indifferente[37].

Non a caso la simbolica *Scorciatoia* era uno dei precedenti titoli che Flaiano aveva pensato per il suo romanzo, in quanto la scelta di una scorciatoia è il punto cardine che dà l'avvio alla dinamica della narrazione nel labirinto africano e nell'io del protagonista. L'idea di questo titolo venne poi bocciata dall'editore Leo Longanesi. *Il coccodrillo* era il titolo originale del romanzo, poi scartato perché non gradito ai librai, in quanto al tempo giravano molti nomi di animali nei titoli dei libri. Coccodrillo, Hargez in abissino, è anche il nome della scorciatoia che il protagonista intraprende arrivando al famigerato incontro con Mariam presso la larga pozza di un fiume abitato da coccodrilli. Una delle parole chiave della loro conversazione è appunto Hargez.

Dalla scelta di una strada, il protagonista entra in balìa delle conseguenze che porta, come il possibile contagio da lebbra grazie a una ferita alla mano. L'importanza di questa ferita aumenta nel corso della narrazione, e il dubbio che essa scaturisce è il vero motore dell'azione. Malattia e dubbio che allegoricamente non sono solo del protagonista, anche la neonata Italia repubblicana ne è afflitta; la fine della guerra non ha del tutto debellato i mali della società italiana presenti in epoca fascista; c'è il dubbio sul futuro, sulla rinascita e sullo stato di salute dell'Italia e della società che la compone. Il male della malattia è qualcosa di più profondo: il male è insito nell'uomo nella costante discesa della degradazione di sé. *Tempo di uccidere* non è solo «rappresentazione della malattia che è la guerra, ma la narrazione di un male più radicale, che è l'incapacità di capire, di compiere la propria parte con chiarezza, di essere responsabile. In *Tempo di uccidere* questa incapacità conduce a conseguenze disastrose»[38], come nella società italiana del dopoguerra; alludendo anche all'incapacità dell'uomo contemporaneo di abbattere le costruzioni culturali della coscienza collettiva, come una malattia difficile da estirpare, a favore di un rinnovato e coscienzioso soggettivismo.

---

37 Ivi, p. 127.
38 G. BÀRBERI SQUAROTTI, *Flaiano narratore*, cit., p. 58.

A completare lo scenario africano nel romanzo c'è il costante fetore: il fetore delle carcasse dei muli morti, dei cadaveri abissini, dalla lebbra che persevera. Il cattivo odore non è solo africano, l'Africa è relativa; accompagna anche il prepararsi al rimpatrio dei soldati italiani nell'ultimo capitolo. Il fetore insieme ai soldati rimpatria nella futura Italia. Flaiano profeticamente ne sente già il cattivo odore.

[...] ci avviamo verso il campo, perché stavano arrivando gli autocarri. Camminavo accanto al sottotenente e di colpo sentii il suo profumo. Certo, doveva ungersi i capelli con qualche preziosa pomata, che il caldo la stava inacidendo. Una pessima pomata, che il caldo di quella valle faceva dolciastra, putrida di fiori lungamente marciti, un fiato velenoso. Affrettai il passo, ma la scia di quel fetore mi precedeva[39].

Il legame tra immagine e parola è evidente nella soluzione narrativa che Flaiano adotta, in un significativo gioco letterario. È il caso del gioco dei dadi, il dado svitato dalla ruota del camion del maggiore, motivo ripreso da *Un coup de dés jamais n'abolire de la pieté le hasard* (un colpo di dadi non abolirà mai il caso) di Mallarmé; Flaiano era un lettore dei poeti simbolisti, tra cui Mallarmé, e la suggestione si fa sentire: il dado perde la valenza di semplice oggetto per diventare parte importante del destino del maggiore. Ma forse il maggiore non è morto, la sua scomparsa non è per forza da attribuire al dado sottratto, non ci sono prove, così deduce il sottotenente: il colpo di dadi non ha avuto l'effetto sperato, non può cambiare il destino perché ne è parte. Il sottotenente dimostra che la catena degli eventi, come nella scelta iniziale tra due strade da parte del tenente, nell'omicidio non voluto della ragazza e nel voluto ma fallito omicidio del maggiore, è tutto parte del caso.

Quando il sottotenente si allontanò lungo il ciglio, scrutando nella forra, e infine gettò il dado, e sentii quel secco rumore di ferraglia percossa (o forse erano le monete d'argento che avevo in tasca), non provai nulla, Il dado era a posto. Nessuno vince, è un dado senza punti, che ora è a posto[40].

L'allegoria e il simbolismo in *Tempo di uccidere* non possono che essere rappresentati in maniera efficace da uno stile epigrammatico. Geno Pampaloni afferma riguardo al romanzo che «la vena è la favola epigrammatica; la quale può dilatarsi a commedia, o racconto, ma conserva dell'epigramma la malizia logica, la lineare struttura orientata a una conclusione [...] *Tempo di uccidere* è un libro in cui la favola epigrammatica assume il timbro dell'allegoria»[41].

39 E. FLAIANO, *Tempo di uccidere*, cit., p. 244.

40 Ivi, p. 243. Il sottotenente controlla se nel camion il dado è stato veramente sottratto, e anche in questo caso è il dubbio a far da padrone.

41 G. PAMPALONI, *Tre indipendenti. Ennio Flaiano*, in *Storia della letteratura italiana. Il Novecen-*

Flaiano, dopo *Tempo di uccidere*, abbandona il genere del romanzo, andando incontro a una produzione letteraria libera da strutture predefinite, al di fuori del genere del romanzo. Tutta la sua opera narrativa ha come sostrato gli appunti occasionali che riflettono il cammino esistenziale, in rapporto con i tempi in continuo mutamento che sono costantemente sotto i riflettori del suo – come definito da Flaiano stesso – *Occhiale indiscreto*, e che sono allo stesso tempo un occasionale oggetto di un'analisi amara: «Più che rappresentare la realtà, a Flaiano interessava definirla. Nel suo lavoro da narratore sappiamo quanta parte abbia il momento del montaggio; in Flaiano, viceversa, è di gran lunga prevalente il movimento dello smontaggio, della decifrazione per frammenti, dell'analisi cellulare»[1]. La miriade di appunti frammentari sono rimasti tali, non sviluppandosi in oggetto propulsivo per una articolata strutturazione romanzesca, ma raccolti nel più libero genere del diario.

Anche se, subito dopo la stampa del suo unico romanzo, Flaiano predilige l'essenzialità, gli appunti e gli aforismi diaristici, che lo portano alla seconda pubblicazione con *Diario notturno* nel 1956, la brevità non è la sua meta ultima. In simbiosi con l'attività giornalistica, il racconto lungo dà una sorta di continuazione o di compromesso con il genere del romanzo, una soluzione narrativa tra il narrar breve e il narrar lungo. Uscendo dallo studio in ordine cronologico dell'attività scrittoria dell'autore, possiamo individuare che tra *Tempo di uccidere* e i successivi racconti lunghi, o romanzi brevi, c'è una continuità tematica, un viaggio filosofico alla continua ricerca della verità, o forse questo fine ultimo è solo la metafora dell'irrequietudine esistenziale che prende forma in qualsiasi genere di scrittura creativa.

Se in *Tempo di uccidere*, per vie allegoriche, viene esplicata la mancanza di senso con l'azione e il pensiero del protagonista, che non portano il romanzo a una soluzione definitiva, lasciando che sia il dubbio a dare una conclusione alla storia narrata, in *Adriano*, il prossimo racconto che andremo a trattare, nell'omonimo protagonista è consapevole la mancanza di senso ma, nonostante questa consapevolezza, egli si getta alla sua ricerca, intraprendendo un viaggio, anche qui, come in *Tempo di uccidere*, circolare; però non è allegoricamente intorno allo scenario, ma in-

---

to, a cura di E. Cecchi e N. Sapegno, Milano, Garzanti, 1969, poi, con il titolo *Ennio Flaiano l'indipendente*, in *La critica e Flaiano*, cit., p. 18.

1 G. Pampaloni, *Flaiano: l'uomo e l'opera*, in *Ennio Flaiano. L'uomo e l'opera*, Atti del Convegno Nazionale nel decennale della morte dello scrittore, a cura dell'Associazione Culturale Ennio Flaiano, Pescara, 19-20 ottobre 1982, pp. 11-22, p. 12.

torno a una tematica, che in diverse forme ritorna con la stessa soluzione: la mancanza di senso, decostruendo ogni categoria concettuale usata da Adriano come mezzo utile alla sua ricerca.

Gli appunti diaristici e le loro raccolte, attraversati, secondo Pampaloni, da un'urgenza di appuntare la realtà, non necessitano di linearità tematica. Questi appunti si differenziano dai racconti (nonostante molti di essi siano un'operazione di montaggio di episodi autonomi, come nei diari, in cui gli appunti vengono incastonati indipendentemente dall'ordine cronologico della loro composizione), in quanto in questi ultimi sono presenti diversi elementi in comune: una tematica e, più esplicitamente, lo stesso personaggio che fanno da collante nel montaggio degli episodi e si fanno oggetti di ricerca esistenziale dalla chiara sfumatura autobiografica. Giorgio Manganelli ha definito questa scrittura frammentaria e discontinua di Flaiano come: «idillio negativo. Flaiano, scrittore intriso di negativo, ebbe una predilezione per i frammenti, le trascrizioni discontinue, gli abbozzi, gli appunti, i promemoria: materiali che possono diventare qualsiasi forma, adattarsi, come animali intristiti, a qualsiasi cunicolo mentale»[2].

3.1 *ADRIANO E LA RICERCA DEL SENSO*

Il racconto *Adriano* è un montaggio di sei articoli pubblicati sul «Corriere della sera» e sul «Mondo» tra il marzo 1957 e l'agosto 1958. Ogni articolo è un capitolo del racconto. Questi non sono disposti in modo equivalente all'ordine di uscita nei due giornali, e in più hanno piccole varianti, tagli e aggiunte. Microtesti narrativi che formano un racconto lungo tramite il protagonista in comune, che in ogni episodio è spinto dalla curiosità e dal bisogno di ricerca di una concreta definizione esistenziale.

Il viaggio esistenziale di Adriano abbraccia nei sei capitoli la maggior parte delle tematiche che Flaiano ha affrontato nel corso della sua vita. Tematiche sociologiche sulla reale condizione dell'uomo nella nuova e inedita contemporaneità, che può essere benissimo sintetizzata come epoca postmoderna: un momento in cui in letteratura prevale la rottura dei vecchi codici formali, incapaci di rappresentare la condizione dell'uomo e la realtà circostante dopo lo sconquasso della seconda guerra mondiale che ha aperto le porte a una nuova modernità (in Italia questo modello di rottura viene rappresentato da *Officina* e il *Gruppo 63*), con il «livellamento delle esperienze della cultura umanistica attraverso le manifestazioni della cultura di massa [...], l'accelerato sviluppo in senso ver-

---

2 G. MANGANELLI, *Introduzione*, in ENNIO FLAIANO, *Frasario essenziale per passare inosservati in società*, Milano, Bompiani, 1986, pp. XIII-XIV.

ticale della cultura scientifica e della tecnica, [...] la decadenza dell'individuo come soggetto di autodeterminazione ideologica e insomma come eroe»[3]. Questa nuova realtà culturale non produce in Flaiano uno sperimentalismo, un nuovo modo di comunicare che rispecchi i tempi correnti; egli continua con le vecchie strategie di prosa, si limita a commentare la crisi sia in maniera esplicita sia attraverso l'uso dell'allegoria e della metafora: «Flaiano appartiene dunque alla vasta area della letteratura in crisi. Ma al contrario di altri non assume nei confronti di quella crisi atteggiamenti eversivi»[4].

Tornando ad Adriano, il racconto parte dal tema ricorrente della noia, una delle più dirette manifestazioni della personalità dell'autore. I tre amici, Paolo, Antonio e Adriano, girovagando nella notte romana, definita ironicamente da Antonio «l'ennui», come correzione a la Roma «la nuit» pronunciata da Paolo. *Gli amici*, primo capitolo dell'opera, ha la funzione di introduzione alla condizione di noia in cui versa il protagonista, che lo induce in ogni parte del racconto a continui spostamenti. La capitale romana, il fulcro delle attività e della vita è vissuta con insoddisfazione dal modesto scrittore Adriano e dai suoi amici intellettuali; tutto diventa chiuso e bisogna cercare altrove un qualcosa che possa dare un senso vitale e che non sia la noia a suggerire le conclusioni. Vagabondaggio romano raffigurato in un quadro descrittivo dove sono evidenti i corrispettivi con i film felliniani. Uno su tutti: *La dolce vita*. Ogni momento, ogni descrizione dello scenario hanno la velatura della solitudine e della tristezza, così i fiori nella vetrina del fioraio, le donne sulle copertine dei giornali, i giovani che giocano nella notte e l'ironia che accompagna i tre amici come difesa all'alternativa ultima del nichilismo:

«Che tristezza» disse Antonio «s'illudono di creare un quadretto popolare e di far dire agli altri che qui la gente sa vivere». «Forse anche si divertono» disse Adriano. «Oh, impossibile» aggiunse Paolo «in questo paese l'economia non può mantenersi all'altezza del vizio». Dopo pochi passi concluse: «Ma insomma, un paese dove si comprano le droghe a rate». Sospirò indignato e disse: «Io vado a dormire e basta»[5]

Ma poche righe dopo, nella spietata analisi di reminiscenza senechiana sulla figura del turista, si scorge nell'ironia un minimalismo esistenziale che può far pensare a un passo avanti verso un più tagliente cinismo, sempre evitato da Flaiano nella sua scrittura a favore della più leggera ironia, mascherando l'insita malinconia e tristezza:

---

3 E. RAIMONDI, *Le poetiche della modernità in Italia,* Milano, Garzanti, 1990, p. 95.

4 G. PAMPALONI, *Flaiano: l'uomo e l'opera,* cit., p. 13.

5 E. FLAIANO, *Una e una notte,* in *Opere scelte,* cit., p. 561. I tre amici, dal giudicare i giovani, si spingono fino a un'ironica allusione sulla società italiana. Un procedimento frequentemente utilizzato dall'autore.

«Si dovrebbe viaggiare solo per depositare uova, come i salmoni e le anguille». E concluse: «Il turista è sempre sommamente infelice perché non ha uova da depositare»[6].

Adriano è un autore di racconti indeciso. L'indecisione riguarda soprattutto la certezza dell'esistenza del senso nelle cose e nella vita in generale, ed è così indotto a continui spostamenti dalla campagna alla periferia romana, per non arrendersi al vagabondaggio esistenziale che rivela «la verità allo stato puro»[7] della noia. Nell'itinerario che viene intrapreso, la prospettiva di Adriano, il suo sguardo che va a focalizzare i diversi oggetti, potenziali portatori di senso, ha un'importanza fondamentale; il variare dello sguardo da una prospettiva interna e variabile porta all'alternanza di senso: un oggetto acquisisce senso, questo senso viene poi distrutto e sostituito dal non-senso; lo sguardo si sposta su un altro oggetto e così via, oscillando costantemente tra senso e non-senso. Mentre il narratore, diversamente da *Tempo di Uccidere*, non giudica il personaggio protagonista, come rivelato da Margherita Mesirca, è apparentemente un narratore esterno extradiegetico, ma ne sa più del personaggio, cioè sul non-senso del senso, e si adegua alla percezione di Adriano. Tutto viene rivelato attraverso l'azione (che è prevalentemente quella interiore del protagonista) del racconto.

Nell'ottica del personaggio ogni assenza di senso è un fallimento; nell'ottica del narratore è un dato di fatto. Ma l'intensificarsi dello sguardo allegorico, che svela il non-senso del senso, a discapito di quello simbolico, che cerca il senso nel non-senso, è un segnale della consapevolezza, e della convergenza tra personaggio e narratore[8].

Il tempo della narrazione e dell'azione corrono sullo stesso piano. Ogni descrizione non porta a nessuna sospensione del tempo del racconto, è parallela alle pause contemplative del protagonista nelle molte immagini in cui si sofferma, mostrando tutta la sua evoluzione del pensiero e i suoi continui cambiamenti di prospettiva «da miope a straniato, da simbolico ad allegorico»[9].

Cosa succede alle pietre, in cui sono sapientemente incastonati l'articolo apparso nel «Mondo» del 9 luglio 1957 (l'unico in cui compare il personaggio di Adriano) e il racconto *Le pietre*, edito sul «Corriere della sera» del 25 settembre 1957, è la seconda tappa del viaggio di Adriano nel segno della curiosità, per fuggire dalla vuota città, ormai sinonimo di noia, per recarsi nella «tentacolare»[10] campagna, considerata l'unica real-

6 *Ibid.*

7 M. Corti, *Introduzione*, in *Opere. Scritti postumi*, cit., p. XII.

8 M. Mesirca, *Le mille e una storie impossibili. Indagine intorno ai racconti lunghi di Ennio Flaiano*, Ravenna, Longo Editore, 2003, pp. 59-60.

9 Ivi, p. 58.

10 E. Flaiano, *Una e una notte*, cit., p. 564.

tà alternativa possibile nella quale scovare un'attrazione che possa conferire un rinnovato senso all'esistenza. Adriano sosta nella via Aurelia avviando continue riflessioni sul sito e sull'antichità che trasuda. Il desiderio di andarsene svanisce via via che lo sguardo si fa sempre più analitico e archeologico nell'osservare quasi ogni pietra di un'antica villa che probabilmente fu di Marco Aurelio: così rivelano ad Adriano i due contadini che si trovano nei pressi a scrutare. Dal dialogo intrapreso con loro, Flaiano ci descrive con sottile ironia la differenza tra diversi modi di vivere e di dare il senso alla cose, come in questo caso alla storia: Marco Aurelio per Adriano è un imperatore mentre per i due contadini è semplicemente il padrone dei territori della zona; tracciando così un senso di incomunicabilità, di distanza tra due mondi, che allontana la possibilità di poter trovare un senso che sia oggettivo.

I *Ricordi* di Marco Aurelio sono anche la lettura notturna più tenace del protagonista, e la sera tornato a casa, preso dalla coincidenza, a caso lesse quest'aforisma:

«Alessandro e il suo stalliere morirono e si ridussero nella stessa condizione. Osserva bene le due ipotesi: o furono di nuovo accolti nei medesimi princìpi seminali del mondo, oppure con pari trattamento furono dispersi negli atomi». Sfogliò ancora e lesse: «Nulla può accadere a nessun uomo che non sia pertinente all'ordine umano. Del resto a un bue nulla che non appartenga all'ordine delle viti; né a una pietra una cosa estranea all'ordine delle pietre». E infine lesse: «Tutto dura un solo giorno. e chi ricorda e chi è ricordato. Qui Adriano sorrise e lasciò il libro sembrandogli che la sua indiscrezione avesse trovato la giusta risposta»[11].

La lettura trasforma la curiosità di Adriano avuta nei confronti delle pietre in indiscrezione nel voler capire il senso, mentre la natura delle cose va accettata e non indagata oltre la propria esistenza. Pierre Hadot, in uno dei saggi dedicati ai *Ricordi* di Marco Aurelio, rivela una delle fondamentali regole per l'uomo nei confronti della totalità delle cose e del destino sottinteso nell'opera: non osservare il mondo per frammenti, ma nella sua totalità: una corrispondenza cosmica; per far ciò è necessario un rinnovamento gnoseologico, un nuovo modo di vedere le cose vicino alla natura, che vada oltre le rappresentazioni convenzionali. Il senso del mondo è in ciò che accade e implica la necessità dell'esistenza. I *Ricordi* danno la spinta necessaria ad Adriano ai fini di placare la sua ricerca di senso ed è l'unica volta in cui vi riesce, perché quest'ultima stoica soluzione non porrà fine alla sua curiosità e al bisogno di senso che vada oltre l'accettazione degli eventi e delle cose per quello che sono. Flaiano di nuovo, ricorrendo all'allegoria, ci porta nella dimensione della creazione letteraria e poetica che non riesce a descrivere la realtà, ma solo la "verità" dell'immaginazione; come Adriano, nei successivi capitoli, non ri-

11 Ivi, p. 570.

40

esce ad arrendersi alla realtà, provando a scorgere un senso che definisca la sua stessa mancanza.

> Sorrideva appena, con quell'amarezza staccata, che gli veniva più dalla solitaria esperienza della sua vita che dallo scetticismo del tempo, ed era una sana amarezza di filosofo non ancora sconfitto[12].

Nel terzo capitolo *La luna nuova* il protagonista si reca in un santuario trasformato in set cinematografico, riprendendo un episodio autografico per l'autore, presente alle riprese in una scena del film *Le notti di Cabiria*, scritto da lui stesso per la regia di Federico Fellini.

La scelta di Adriano di recarsi a questo santuario è per compiere un viaggio, per percorrere una strada che «esprimeva all'estremo il suo senso, che è la malinconia di un infinito preoccupante, benché a quattro passi dalla città»[13], dove osservare un paesaggio di antica calma e dedito all'immaginazione. Ma all'improvviso in quella terra immaginaria fa irruzione «il disordine confortante di tutti i giorni»[14]: delle umide case nuove, un chiosco di benzina, un autobus, però «Adriano assolveva anche questo spettacolo, tutto gli pareva emanasse una bontà salda e una vita che egli avrebbe condiviso senza paura, nella certezza di trovarvi una verità. Poi pensava che questa illusione era provocata dal suo rapido passaggio in un luogo dove non era costretto a vivere, e di cui non conosceva le miserie»[15]. In questo rapido passaggio Adriano intravede un barlume, come quelli narrati da Montale, che faccia da correlativo alla possibilità di una verità, al senso esistenziale tanto cercato, ma presto la natura della proiezione si rivela illusoria.

Giunto a destinazione, sul set nel santuario, incontra l'amico regista, parla con delle persone, passa del tempo con una ragazza e osserva i volti delle comparse, assorti nella noia, sostenuti solo dall'attesa della paga. Arrivano altre comparse, bambini di un collegio, e qui Flaiano apre una finestra autobiografica sui sentimenti della propria infanzia, trascorsa anche in diversi collegi, «perché tutti i suoi ragionamenti di scontentezza tornano invariabilmente a quegli anni dell'infanzia, che gli sembravano una vita autonoma nella sua stessa vita»[16]. Uno spettacolo degradante: solamente l'immagine della luna che sorge offrire un riparo dal tutto. La luna nuova accompagna il pensiero del protagonista in una parabola discendente: dai versi di una poesia relativi alla luna, di cui non ricorda l'autore, allo sgomento della memoria che tutto assorbe, si dipana il senso della sua esi-

---

12 Ivi, p. 571. Dopo la prima escursione, Adriano vi tornerà altre tre volte; l'ultima volta, al ritorno, accompagna un contadino incontrato per strada che ha perso la corriera per Roma. Lo sguardo di Adriano nel descriverlo dà inconsciamente una definizione di se stesso.

13 Ivi, p. 572.

14 Ivi, p. 573.

15 *Ibid.*

16 Ivi, p. 577.

stenza, preannunciando la sua insensatezza; il santuario pieno di attrezzatura cinematografica improvvisamente diviene una scenario di profanazione in cui la massima di Marco Aurelio, cioè l'ordine naturale delle cose, non trova corrispondenza a causa della volgarità del luogo. Inizia allora un monologo sul problema della ricerca di senso, non riuscendo a percepire l'armonia tra le cose, ma solo assenza di senso; con rammarico accetta di accontentarsi, di arrendersi al senso presente solo nell'apparenza che non può essere verità, è solo una parvenza della realtà. La sua, infine, è una curiosità inutile dettata dalla noia:

Di questa giornata mi rimarrà un ricordo sgradevole di freddo e di vento, e una curiosità inutile: non è un impulso sentimentale che mi trattiene, né la curiosità del turista ma soltanto una noia irrequieta. Certo potrei andarmene, non ho niente da fare quaggiù, invece forse ci resterò fino alla fine, preso dal fastidio di lasciar scorrere il tempo in un luogo che non mi piace e tuttavia credendo di ingannarmi a osservare le cose che mi colpiscono. A che scopo poi? Per concludere che non ne valeva la pena o che non c'è niente di peggio di voler guardare la vita da naturalista una vita che ha le sue miserie ma anche un segreto che si apre solo a chi vi partecipa fino in fondo[...]. La verità è che niente aveva senso, ma soltanto un'apparenza e di quella bisognava accontentarsi. Nemmeno la luna nuova aveva un senso – che pur indugia mentre il sole splende[17].

Ma Adriano insiste, si lascia una speranza di un miracolo, come nella scena del film che si sta girando in quell'istante, dove una donna a gran voce invoca il miracolo che nemmeno nella finzione della scena avviene. Tutto finisce nel vuoto della giornata, nel profondo senso di noia.

La narrazione è continuamente in bilico nell'indecisione del protagonista: il suo sguardo deve restituire solo la natura delle cose o bisogna compiere un passo ulteriore trasfigurando la realtà con l'immaginazione?

Nel segno della noia e dell'ironia è l'episodio *Il mare non c'è*. Si svolge sulla spiaggia di Fregene, dove Adriano è solito trascorrere l'estate. Nella noia domenicale cerca il divertimento nell'osservare in maniera minuziosa e ironica dalla finestra i passanti, in questo caso una famiglia di gitani, diretti verso il mare, a cui scherzosamente nega la presenza del mare. Più tardi Adriano, giunto in spiaggia, ci descrive lo scenario della accampata famiglia prima incontrata e possiamo osservare l'ironia di Flaiano nelle descrizioni della vita romana e italiana dell'epoca, di un'attualità ancora oggi riscontrabile:

Erano contenti di aver preso i primi posti, come certe comitive nel loggione di un teatro appena aperto. Mangiano con la cupa voracità delle scampagnate, che si frena solo nell'ebbrezza del vino e nel riverbero della luce. Tutt'intorno altri bagnanti giacevano appiattiti come le vittime di una strage, le teste all'ombra, il resto del corpo al sole. Ripassando dopo mezz'ora, Adriano vide la famiglia già sazia[18].

17 Ivi, pp. 584-585.
18 Ivi, p. 589.

La noia lo induce a immettersi nelle esperienze altrui, come quando si offre di accompagnare dai carabinieri un bagnante che è stato derubato. Trova complicità in una frase di Goethe appesa alle pareti del posto di guardia che chiude l'avventura domenicale: «L'esperienza è vita»[19].

Quest'avventura del quarto capitolo può essere vista come introduzione al successivo, in cui Adriano continua, nella sua non resa, a cercare la verità della vita. Decide di rimanere oltre l'estate nella casa sul mare e di non essere soltanto di passaggio, approfondendo la ricerca sulla diversità della vita che conducono i pescatori nei loro villaggi; un'altra verità, estranea alla vita moderna della città. «Se lo augurava per sfidare il suo desiderio di andarsene, di accettare la sconfitta dell'autunno e non ostinarsi in una vita che non era la sua, in quella oziosa contemplazione di rimpianti e di eventualità»[20].

In questo episodio, dove l'inverno arriva di colpo in un giorno di pioggia, Adriano inizia a prendere appunti e a seguire le fasi della luna: un connubio tra la luna, oggetto di immaginazione e della circolarità del tempo, e la scrittura, strumento della continua ricerca del senso. Diversi sono gli oggetti, al di là della luna, che incuriosiscono il nostro irrequieto protagonista. Uno di questi è il villaggio dei pescatori non lontano da casa, costruito negli anni della guerra, la cui visione trascina Adriano nell'illusione della memoria, nell'innocente infanzia, come già avvenuto in precedenza durante la visita al santuario. Sempre spinto dalla curiosità, ora quasi con intenti antropologici e sociologici, si immerge in quella società fuori dal tempo, conosce la grottesca figura un po' deforme di Giovanni con la umile tendenza filosofica ad analizzare e superare le disgrazie della vita; la disgrazia si rivela anche nel miracolo: è protagonista di una pesca miracolosa, una montagna di sardine, che può far migliorare la sua condizione economica, ma non è solo lui protagonista del miracolo, perché è stato compiuto nello stesso momento dalla maggior parte dei pescatori. Il miracolo si rivela illusorio, suscitando l'ironia e una spiegazione dell'accaduto da parte di Adriano:

Quella sera Adriano scrisse sul suo taccuino: «È finito il tempo delle pesche miracolose. Bisogna pescare il giusto. C'è un punto critico del miracolo, oltre il quale l'economia viene turbata». Poi aggiunse: «Per Giovanni si poteva tuttavia fare un'eccezione, sarebbe stato un buon apostolo»[21].

Una sera, a casa con la moglie, Adriano si imbatte in un opuscolo dedicato alla spiaggia del luogo, che diviene un altro oggetto della sua esperienza, della ricerca di una valida valenza nell'esistere. È attratto dalle im-

19 Ivi, p. 591.
20 Ivi, p. 593.
21 Ivi, p. 614.

magini invecchiate che ne fanno un «tetro catalogo» con il fine estetico di soddisfare la vanità dei proprietari delle ville sulla spiaggia. La continuazione della lettura porta il protagonista alla storia delle sirene che un tempo, nelle notti di plenilunio, andavano dal mare ai pini della spiaggia; questa storia suscita le risa di Adriano e della moglie che immaginano la reazione degli umili abitanti del luogo nell'incontro con quelle leggendarie creature, con i loro quotidiani modi di fare: i carabinieri che arrivano per il rapporto, le donne dei pescatori che portano il lenzuolo per coprire le nude creature, il fotografo e i ragazzi del bar incantati a guardare, suscitano la reazione sdegnata di Giovanni. Ridevano immaginando l'impossibilità di trascendenza in quel luogo che aveva già la sua realtà e il suo mistero, «chiusi in una storia giornaliera»[22]: una realtà che annulla ogni immaginazione, ogni fantasia, e che rende inutili i tentativi di dare un senso che vada oltre l'apparenza.

In questo capitolo, Flaiano ha inserito un microracconto, precedentemente pubblicato come articolo, narrando le vicende di una piccola compagnia teatrale, che sulla spiaggia cerca di tirare avanti nel migliori dei modi lo spettacolo ostacolato dal forte vento. La sceneggiatura è rudimentale, gli attori spesso concentrati sul vento, saltano le battute arrivando presto alla fine del dramma, ambientato nella Roma del Cinquecento. La voce narrante ci pone i pescatori e gli altri abitanti della zona, donne, bambini presenti allo spettacolo, colti nel momento di fuga dalla realtà quotidiana, dove il fantastico prende vita e sopravvive dopo la morte, i personaggi «dopo morti venivano a ringraziare». Lo spettacolo viene portato avanti nonostante le intemperie, per non rinunciare al raro momento in cui la vita fuoriesce dalla consuetudine. «Poi anche la farsa finì e Adriano riprese la strada di casa. Ora il vento mugolava con tanta sfacciata inverosimiglianza da ricordare appunto il vento che si fa a teatro, dietro le quinte, con un apparecchio che i macchinisti fanno ruotare»[23].

I giorni della sirena è l'episodio più esteso tra quelli presenti nel racconto. Un mosaico di diverse esperienze che il protagonista intraprende, esperienze utili, e soprattutto necessarie ai fini della sua ricerca: forse la frase di Goethe appesa alle pareti del posto di guardia dei carabinieri è stato un suggerimento ben accetto. Il capitolo non si svolge nella contiguità e nelle conseguenze di un unico evento, è costruito come un racconto nel racconto, e in ognuno di essi il protagonista è sempre in balia nella sua ostentazione nella ricerca di senso, insieme allo strumento della scrittura, che ne diviene l'allegoria che accomuna tutti gli episodi del capitolo, ricorrente in tutta la narrativa di Flaiano: la letteratura cui la verità rimane indeterminata e continua a raccontare, sempre nel tentativo di capire l'esistenza, dove ogni cosa richiede un'interpretazione. L'esperien-

22 Ivi, p. 616.
23 Ivi, p. 603.

za di Adriano è quella del non-senso, che per essere amaramente definito richiede un'ostinata ricerca solo per non arrendersi alla noia.

La sabbia entrava tra le pagine del libro e lo gonfiava; eppoi quella calma lo allontanava dalle parole scritte. Di sé pensava che stava vivendo di ricordi e di immaginazioni. Quest'ultime, erano la sua futura attività. Tutto ciò che avrebbe potuto fare gli appariva senza peso, evitabile, noioso prima di cominciare. Quel che aveva fatto si confondeva con quel che avrebbe dovuto fare[24].

Nel capitolo di chiusura, *Gli applausi*, Flaiano, con una straordinaria capacità rappresentativa, ci descrive la noia domenicale, un quadro in cui si respira la società italiana, e soprattutto romana, alla fine degli anni '50: la Messa cantata trasmessa alla radio, un aeroplano che getta dei fogli, la devastazione dei boschi, la bruttezza dei nuovi borghi, le cave di pietra sulle colline e «un popolo che pure non aveva perso la voglia di vivere saggiamente ma credeva alla forza delle cose più brutte perché nuove, e perdeva al loro contatto ogni senso di misura»[25]. La consapevolezza dell'illusione del *boom* economico, che ha radicalmente trasformato la società italiana in un mondo vuoto e superficiale, è ben scandagliata da un acuto sguardo che si limita a registrare, con la forza dello scrittore satirico, di costume, e con una lucida ironia distaccata.

Adriano è sempre più attanagliato dalla noia, si taglia i baffi, indeciso sul da farsi; è sempre più consapevole della confusione della volgare contemporaneità, e di se stesso. Inutilmente cerca una «comoda verità»[26] per sfuggire alla verità del non-senso. Nell'indecisione, torna alle consuete escursioni domenicali nei luoghi antichi nei dintorni di Roma, per poi accompagnare una donna, incontrata sul sentiero di un tempio, al suo paese, rinunciando alla visita dei ruderi. Tornato a casa, Adriano si scontra con la realtà, in un'anticipazione tematica aderente al postmodernismo: una società fatta di suoni e immagini, dove è la finzione a far da padrona. Fa da sineddoche a questa tematica il televisore dei dirimpettai, che trasmette un flusso di suoni e voci, la cui mancanza delle immagini svela tutta la loro confusione e insensatezza. Lo spettacolo è cadenzato dal suono degli applausi di un pubblico condizionato. Le ultime pagine del racconto sono uno stupendo ritratto del chiasso contemporaneo, e oggi ne riscontriamo la potenza profetica; una tematica ripresa successivamente in maniera amplificata nel racconto *Oh Bombay* pubblicato nel 1970.

24 Ivi, p. 604.
25 Ivi, p. 622.
26 Ivi, p. 621.

45

L'unico pensiero che venne a turbarlo riguarda l'avvenire di una società che è arrivata a questo genere di divertimenti e non vuole più abbandonarli, e comincia anzi a credere che tutto si trasformerà in divertimento. E che ogni futura guerra mondiale sarà un numero del programma.

[...] «Forse il pubblico» pensava Adriano «sa che la sua presenza è condizionata dalla sua capacità di battere le mani e di saper creare quell'atmosfera che è indispensabile non soltanto allo spettacolo (il quale senza applausi scoprirebbe forse la sua povera natura), ma anche necessaria alle sue stesse illusioni. Il pubblico applaude se stesso».

[...] «Questi applausi mi incuriosiscono come un fenomeno di generosità collettiva, di ansia di sopravvivere, ma non sino al punto di voler conoscere a che cosa e a che sono diretti»[27].

Come precedentemente accennato, la tematica è ripresa in *Oh Bombay*, con pagine deliranti di suoni e di immagini che fuoriescono, ipnotizzando lo spettatore, da un minitelevisore giapponese; con forme prosaiche che osano, vicino alle innovazione avanguardiste, e che portano il lettore ad inseguire lo stesso delirio.

Adriano è spinto dalla curiosità a seguire e a cercare di analizzare il suono degli applausi provenienti dal televisore dei vicini coatti. Ascolta senza capire. Comprende che quell'applaudire è necessario a mantenere intatte le illusioni e a dare un senso allo spettacolo, così anche alla vita. Questo episodio conclusivo si configura nuovamente con l'allegoria dell'assenza di senso, nella persistente ricerca di un senso che giustifichi la sua assenza.

Flaiano, con *Adriano*, grazie alla logica e sapiente disposizione dei microtesti narrativi, conferisce al racconto una linearità argomentativa. Ogni episodio ha una propria portata allegorica e forma una coerente progressione al discorso della narrazione: il protagonista, tramite un'attività di simbolizzazione, cerca di trascendere le diverse esperienze intraprese, ma ciò si rivela fallimentare e l'esperire di un senso, che non sia il non-senso esistenziale, si dimostra impossibile. Viene così a delinearsi un nucleo tematico intorno alla ricerca di senso, riflettendosi su ogni oggetto narrativo: paesaggi, immagini, personaggi e azioni. Adriano è un personaggio consapevole, è a conoscenza dell'allegorica realtà, che deve essere letta al di là delle umane categorie concettuali. La realtà analizzata nelle sue profondità reca sgomento, la verità del non-senso dell'esistenza conduce alla noia. Adriano agisce per smentire se stesso e la realtà, ma la sconfitta è inevitabile, rimane solo la possibilità di una parziale adesione alla sua condizione esistenziale.

---

27 Ivi, pp. 624-625.

Adriano come il tenente di *Tempo di uccidere* è uno dei tanti personaggi indecisi di Flaiano che per motivi differenti, sono alla ricerca di un senso esistenziale, il primo, e di una motivazione al duro gioco del caso che lo ha colpito, il secondo. In *Una e notte* (1959), il primo racconto dell'omonima raccolta, il protagonista Graziano si presenta come il rovescio di Adriano: non è alla ricerca di nessun senso dell'esistenza, ha accettato la realtà in cui vive, senza porsi troppe domande e trasforma gli avvenimenti in cui si imbatte in una farsa attraverso l'uso della sua degradante ironia. Tra l'altro Flaiano con una nota, anticipa al lettore i volti dei due racconti:

I due racconti di questo libro sono le facce di una stessa medaglia: vanno insieme ma l'uno sarebbe sorpreso di leggere l'altro, tanto differente. Un po' di esperienza ci insegna che pari e dispari sono segnati sullo stesso dado e che il dramma e la farsa accompagnano a vicenda un personaggio indeciso o semplicemente mediocre[28].

Il racconto *Una e una notte* è uscito in precedenza a puntate su «il Mondo» nell'aprile 1958 in tre numeri consecutivi. L'ambientazione della storia è sempre Roma, tanto cara e deludente all'autore, dove Graziano, «il solito vitellone della piccola borghesia romana»[29], ha una relazione con Dory Nelson, un'attrice da avanspettacolo, e lavora in un giornale. La pretesa di intellettualità e le citazioni letterarie dei suoi articoli di cronaca sono oggetto di disprezzo da parte del suo direttore che puntualmente li censura: abusa dell'immaginario letterario, non riesce a formulare un semplice resoconto dei fatti, si sente estraneo al giornalismo, in quanto è costretto a questa professione perché raccomandato dal padre. Vorrebbe solo vivere in pace nella noia romana e spera nel licenziamento.

Graziano viene incaricato di scrivere un articolo sui dischi volanti (argomento di moda nell'Italia di fine anni Cinquanta) ed così costretto a documentarsi a tale riguardo. Si reca a casa di un vecchio colonnello americano esperto in materia per intervistarlo e mentre quest'ultimo parla con serietà dell'infinito e del suo credo nella fantascienza, Graziano con atteggiamento disinteressato, incline a degradare ogni cosa, punta il cannocchiale verso una finestra di fronte per osservare una ragazza, poi si distrae nel fantasticare sulla figlia del colonnello presente in casa. Dimostra in questo caso tutta la sua mediocrità, che si ripresenta quando riflette sulla luna che osserva. La stessa luna che per Adriano è oggetto di riflessione profonda, filosofica, utile alla sua ostinata ricerca di una risposta che possa definire l'esistenza; per Graziano è un oggetto su cui riversare

---

28 E. FLAIANO, *Una e una notte*, cit., p. 485.
29 G. SPAGNOLETTI, *Flaiano narratore*, in *Ennio Flaiano l'uomo e l'opera*, cit., pp. 23-30, p. 26.

una stereotipata e degradante immaginazione: cita i versi di una poesia di Leopardi per motivi convenzionali, in quanto è uno tra i maggiori poeti della letteratura italiana che ha utilizzato con continuità l'immagine lunare (*La sera del dì di festa, Canto notturno di un pastore errante dell'Asia, Alla Luna*, l'operetta morale *Dialogo della Terra e della luna*, ecc.):

Rimuginando queste fantasie, Graziano andò sulla terrazza della cucina a guardare il cielo, dal quale aspettava una risposta immediata. La luna era piena e chiarissima, coi bordi di un argento liquido. Si vedevano i monti, le chiazza dei deserti e poi, distogliendo lo sguardo e ancora fissando gli occhi socchiusi su quella sfera, Graziano vedeva gli amanti che si baciano. «Per fortuna, disse, l'immaginazione poetica risolve tutto: *Che fai tu, luna in ciel?* «povero Leopardi!» concluse, ma già il suo pensiero volava alla figlia del colonnello[30].

L'immaginario e l'uso della metafora sono per il poeta strumenti di eccellenza, con cui descrivere una determinata visione della realtà, che Graziano abusa perché non riesce, come nel suo lavoro di cronaca, a trasmettere il concreto senso dei fatti. Flaiano, con l'incapacità del protagonista di *Una e una notte*, ricorre a una delle sue costanti tematiche, cioè al fallimento della letteratura, incapace con i suoi strumenti tradizionali di trasmettere una verità e il senso del reale. Le riflessioni di Graziano, delimitate da stereotipate immagini poetiche, sono solo un'anticipazione di tale tematica, in quanto viene poi ripresa e ampliata nella successiva comparsa dell'astronave nel corso del racconto, la quale è per Flaiano il concretizzarsi di tutto ciò che può essere immaginato: la metafora di altri mondi usata in letteratura attraverso la luna, ora è reale, questo disco volante è un'occasione straordinaria di narrazione. Ma la cosa si rivelerà impossibile.

Allo stesso tempo, pensava Graziano, una macchina di un altro pianeta si presenterà sul nostro esattamente come noi l'immaginiamo. È il minimo che le si chiede[31].

Nei pressi di Ostia compare un'astronave e Graziano viene incaricato dal giornale di recarsi sul posto per documentare, in quanto cronista, l'evento. Neanche la straordinarietà di un'astronave comparsa improvvisamente sulla spiaggia riesce a smuovere un senso di curiosità. Graziano reagisce con superficialità e getta sull'oggetto extraterrestre uno sguardo indifferente, causato dal senso di noia, che a differenza di Adriano non cerca di arginare. È complice in Graziano «l'incapacità di accentrare troppo a lungo l'attenzione su un fatto così eccezionale, di cui non capiva niente e che ora, soddisfatta la prima sorpresa, già stava perdendo il suo mistero»[32]. Davanti a un evento che desta curiosità la società reagisce come d'abitu-

---

30 E. FLAIANO, *Una e una notte*, cit., 496.

31 Ivi, p. 505.

32 Ivi, pp. 509-510.

dine, con polizia, militari, la folla dei curiosi spettatori con i loro discorsi pieni di scetticismo e di ozio, «Mangiavano panini, innervositi dall'attesa dell'alba, quella calma era soltanto un armistizio imposto alla loro pazienza»[33]; sorgono baracche per la vendita di bibite, i bar sulla spiaggia fanno affari: sono «i segni, insomma, del rifiuto del nuovo, o, meglio, dell'assorbimento della novità quotidiana più quieta e spenta»[34], che portano lo straordinario evento dell'astronave ad essere un riduttivo fenomeno da baraccone «È un modo di difendersi dall'ignoto, disprezzandolo»[35].

La sua naturale pigrizia, unita alla facoltà d'immaginazione, gli anticipavano lo spettacolo che l'attendeva sulla spiaggia. Ogni epoca interpreta il soprannaturale con il sentimento della sua propria filosofia e conferisce alle entità inesistenti e immaginate l'aspetto che suppone più razionale[36].

Graziano si sente incapace di scrivere un pezzo che comunichi la cronaca dell'astronave. Adesso una cosa che prima poteva essere solo immaginata è ora un fatto reale e concreto tale da poter suggerire una storia che ha dello straordinario, ma il protagonista alimenta i soliti stereotipi letterari per riflessioni cosmiche ed esistenziali:

Al suo spirito si aprivano le prospettive solenni: «Considerazioni sul futuro». Avrebbe citato Laplace e, abilmente, messo in dubbio la predilezione divina per le sue creature terrestri. O non doveva forse limitare il suo impegno a un tema più modesto? «Davanti ad un'astronave. Pensieri e riflessioni che vi suscita la vista»[37].

Presto però il pensiero di Graziano, futilmente, torna su una donna incontrata poco prima, con cui, mentre si reca nella propria casa sul mare nei pressi dell'astronave, ha un secondo incontro. Il giovane giornalista riesce a sedurre la sconosciuta di nome Martha, che dopo una notte d'amore diventa una speranza per poter cambiar vita. Questi sentimenti di cambiamento esistenziale sono presi alla lettera da Martha, che si rivela essere un abitante dello spazio, e così conduce l'uomo nell'astronave e, senza che se ne renda conto, quest'ultima prende il volo. Graziano ha la privilegiata occasione di cambiare la propria vita, di intraprendere un viaggio del tutto nuovo e sconosciuto, di lasciare, non con la fantasia ma letteralmente, questo mondo, per divenire «l'Ulisse dei tempi attuali»[38].

33 Ivi, p. 511.

34 G. BÀRBERI SQUAROTTI, *Flaiano narratore*, cit., p. 48.

35 E. FLAIANO, *Una e una notte*, cit., p. 515.

36 Ivi, p. 505.

37 Ivi, p. 510.

38 G. BÀRBERI SQUAROTTI, *Flaiano narratore*, cit., p. 49.

Aveva capito che il caso lo stava favorendo, e l'ipotesi che poco prima gli era apparsa assurda ora si verificava, era entrato nel disco, unico fra tutti e sarebbe tornato dal direttore con un sorriso di modesto trionfo, senza dar peso alla sua avventura[39].

Ma Graziano rifiuta tale possibilità, pretende che gli sia restituita la sua vita tranquilla, il suo mondo dove l'altrove extraterrestre è solo una fantasia per visionari. Ha dei comportamenti isterici, sgarbati, a volte violenti nonostante l'equipaggio abbia, come Martha, sembianze umane, comportamenti gentili e amicali verso il nuovo ospite terrestre. Graziano ha paura del nuovo, accetta semplicemente la sua esistenza mediocre, la sua misera carriera di giornalista e le sue aspirazioni da scrittore, ma per ora è solo capace di appuntare qualche spunto per un racconto che non verrà mai messo in atto.

Ora il protagonista è su un disco volante che può suggerire un argomento di scrittura del tutto nuovo, una vera alternativa alla noia della quotidianità. Però la sua ottusa mediocrità lo porta a ridurre degradare questa straordinarietà in qualcosa di ordinario, in una banale avventura: tenta nella sua cabina di raccontare l'esperienza in corso senza riuscirci: «Uno dei motivi, forse il principale, che faceva di Graziano uno scrittore inedito era la sua repugnanza a scrivere»[40]. Dopo un viaggio di tre giorni e di indegni comportamenti, Graziano (fa ubriacare i membri dell'equipaggio come tentativo di corrompere gli extraterrestri per portarli alla più meschina condizione terrestre, un modo di esorcizzare il nuovo con dei disgustosi comportamenti umani; tenta di avvicinarsi alla donna addetta alla cucina mentre dorme nuda, la quale reagisce con grida e pianti) viene riportato sulla terra, in quanto ha deluso l'equipaggio e soprattutto Martha, innamorata e devota a lui, che gli ha offerto una irripetibile occasione di cambiare la sua vita. «E l'avventura finisce com'era cominciata, senz'avventura e senza mito, in un'alba che assomiglia a tutte le altre di Roma, nel quartiere impiegatizio di piazza Ungheria, luogo deputato di tutte le mediocrità che escludono il soprannaturale»[41].

Flaiano con *Una e una notte* descrive il passaggio di un viaggio immaginario a un viaggio reale al di fuori dell'ordinario per trasformarsi infine in viaggio convenzionale[42], in un'astronave dove si svolge una tipica vita casalinga:

39 E. FLAIANO, *Una e una notte*, cit., p. 523.

40 Ivi, p. 518.

41 G. SPAGNOLETTI, *Flaiano narratore*, cit., p. 27.

42 Cfr. MESIRCA, *Le mille e una storie impossibili*, cit., p. 79.

Quello doveva essere il salotto dell'equipaggio, c'erano poltrone in pelle, scaffaletti carichi di libri, fiori finti impolverati, un divano ornato di pizzi, un tappeto slabbrato color vino, un gran tavolo di manifattura inglese. Su un alto tavolo, Martha stava stirando i pantaloni di Graziano[43].

Graziano, tornato a Roma, ha per un istante la tentazione di mettere su carta questa avventura, però, come altri racconti di Flaiano, si manifesta la difficoltà dello scrivere, in questi personaggi che sono cinicamente consapevoli che non c'è più nulla da narrare. Tutto è stato già detto, c'è «soltanto una grande noia di ripetizioni inutili, che è meglio evitare»[44]: Flaiano con ironia sottolinea l'allegoria della società di massa, dove ogni cosa che si allontana da essa è una «barbara follia»[45]; in cui la letteratura non comunica, non intrattiene, ma è una banale evasione. Il racconto che resta solo nell'intenzione e negli appunti di Graziano è un racconto impossibile, perché il viaggio spaziale è degradato per colpa del suo avventuriero in una avventura di poco conto, come «finire su Marte con un incarico culturale, che mi lasciasse il tempo libero per le mie inclinazioni»[46]:

Giunto a questa conclusione si ripeté che non sarebbe mai diventato un buon scrittore: non gli importava niente di verificare un avvenimento, preferiva immaginarselo[47].

Il narratore di *Una e una notte,* in cui è facile riconoscere il pensiero di Flaiano, con la sua ironia applica un processo di standardizzazione a tutto ciò che viene considerato straordinario, tutto viene ricondotto a parametri più consueti alla normalità e all'immaginazione dei poeti e letterati. Come detto prima, Graziano, prima dell'arrivo dell'astronave, si sofferma a fantasticare sull'immagine della luna che splende alta in cielo servendosi della poetica di Leopardi. La luna è ricorrente nel racconto, la stessa luna che il protagonista osserva da un oblò dell'astronave, «Non era la luna che egli spesso si incantava a guardare, la buona luna degli amanti e del rimpiantino,[...] si mostrava vicina, tutta immensa, come un fantasma che di colpo abbandona la sua discrezione»[48]. La luna di *Una e una notte* è un oggetto poetico, una consueta metafora di altri mondi utilizzata in modo convenzionale dal protagonista; l'immaginazione e il linguaggio sono inadeguati, le metafore non possono che essere riduttive, non sono in grado di restituire la grandezza del nuovo, del

43 E. FLAIANO, *Una e una notte*, cit., p. 532.

44 G. BÀRBERI SQUAROTTI, *Flaiano narratore*, cit., p. 49.

45 G. SPAGNOLETTI, *Flaiano narratore*, in *Ennio Flaiano: l'uomo e l'opera,* cit., p. 27.

46 E. FLAIANO, *Una e una notte*, cit., p. 496.

47 Ivi, p. 505-506.

48 Ivi, p. 544.

lo straordinario, possono solo restituire un'apparente meraviglia verbale; del resto in *Una e una notte* sono molte le metafore sulle astronavi.

Era un gran piano dei bordi spessi sormontato da una cupola semiovale terminante a cuspide, con grandi costoloni. Le prime immagini che suggeriva erano familiari, un padiglione da fiera, una cappella da cimitero, uno spremilimoni di vetro, ma Graziano non sorrise; quella forma pareva vibrare di un possente motore, calda e sporca come una locomotiva[49].

Anche Calvino, come sottolinea Margherita Mesirca, nel saggio *Il rapporto con la luna* inserito nella raccolta *Una pietra sopra* e ne *Le cosmicomiche,* evidenzia la relazione tra immagini reali scientifiche, le rappresentazioni poetiche e le immagini convenzionali che la luna produce:

Quel che mi interessa invece è tutto ciò che è approvazione vera dello spazio e degli oggetti celesti, cioè conoscenza: uscita dal quadro quotidiano limitato e certamente ingannevole, definizione di un rapporto tra noi e l'extraumano. La luna, fin dall'antichità ha significato per gli uomini questo desiderio, e la devozione lunare dei poeti così si spiega. Ma la luna dei poeti ha qualcosa a che vedere con le immagini lattiginose e bucherellate che i razzi trasmettono? Forse non ancora; ma il fatto che siamo obbligati a ripensare la luna in modo nuovo ci porterà a ripensare in un modo nuovo tante cose[50].

La luna di *Una e una notte* è simbolo della fantasia della letteratura e una volta divenuta una realtà concreta nel momento in cui l'astronave le naviga a poca distanza, essa provoca la nausea del protagonista, «quando fu tanto vicina che i suoi bordi sparirono e l'oblò fu pieno della sua luce crudele, si abbandonò allo sconquasso della nausea»[51]: l'unica sfera possibile per il racconto è quella dell'immaginario e a causa di ciò il protagonista non è in grado di narrare il suo viaggio straordinario in quanto reale, al limite dell'esperienza scientifica.

La malattia degli scienziati, come per i minatori è silicosi, è la fede. Cioè gli scienziati arrivano a conclusioni elementari, antiche come il mondo, attraverso un'esperienza dolorosa per l'umanità. Quando si sarà scoperto tutto, quando avremo veramente deciso tutto, dovremo tornare alla conclusione che è l'amore ciò che muove il mondo e le altre stelle[52].

Il titolo *Una e una notte* è un'ironica allusione a *Le Mille e una notte:* il protagonista Graziano, a differenza di Sheherazade, non riesce a produrre nessun racconto, tutto resta sotto forma di appunti, «accucciato, con un quadernetto davanti e scriveva: "Nox est perpetua. Telef. Direttore,

49 Ivi, p. 507. Cfr. M. MESIRCA, *Le mille e una storie impossibili*, cit., p. 81.

50 I. CALVINO, *Una pietra sopra*, Milano, Mondadori, 1995, p. 221. Cfr. M. MESIRCA, *Le mille e una storie impossibili*, cit., p. 77.

51 E. FLAIANO, *Una e una notte*, cit., p. 545.

52 E. FLAIANO, *Opere. Scritti postumi*, cit., 1228. È un estratto di un'intervista che Flaiano rilascia a Giulio Villa Santa.

notte S. Giovanni, incontro Martha con occhi che annegano in una felicità di lagrime. Ricord.»[53], nei quali riflette sul rapporto che intercorre tra esperienza e narrazione:

Può succedere a tutti di considerare gli avvenimenti in cui siamo coinvolti come un tentativo della natura per spingerci ad impugnare la penna: spesso i fatti sono così straordinari e precisi che sembra valga la pena di raccontarli, e mentre ancora si svolgono, prendiamo appunti mentalmente, [...] ma con occhio critico corregge già i fatti, li accorcia, li allunga, cerca una segreta morale che tenga su l'arco del racconto[54].

Ironicamente, in soccorso all'incapacità di Graziano appare in visione, durante la notte d'amore con la bella Martha prima della partenza, Sheherazade, la narratrice per antonomasia, che ha fatto del narrare la sua salvezza ne *Le mille e una notte*. Sheherazade cerca di spronare Graziano a trasformare quella notte dell'apparizione dell'astronave in un racconto:

«Giovanotto, passa mille notti al chiodo come me e saprai che l'unica arma dello scrittore è la pazienza», disse Sheherazade. E aggiunge: «ora debbo lasciarti. Questa notte, bene o male, mi inebria, ho altri incontri (mille) da concludere, altre fantasie (mille) da accendere, consolare chi sveglio attende l'alba, svegliare di soprassalto i potenti, visitare i carcerati, lusingare gli umili, rallegrare gli offesi, soffiare nell'orecchio degli amanti, le parole che impediscono di impazzire al risveglio. Addio Graziano, e sii serio»[55].

Una e una notte, nonostante il suo potenziale, è la storia di un racconto impossibile, di un'occasione sfumata di cui il protagonista, in linea con il racconto *Adriano*, non riesce a trovare un senso:

I due racconti (o romanzi brevi) [...] sono tra le migliori espressioni della nostra narrativa contemporanea anche perché essi [...] sono la testimonianza del largo margine di intelligenza e di un gusto letterario che ancora oggi caratterizza la fedeltà di uno scrittore a una vera e propria civiltà delle espressioni rispetto a certo sperimentalismo troppo e troppo improvvisamente chiamato a modello [...] il campo di osservazione del Flaiano è una Roma contemporanea [...] la stessa Roma di Moravia, ma mentre su di essa Moravia esercita una spietata analisi, individuando nel suo tessuto gli interpreti di un dramma collettivo che si rinnova in ogni personaggio [...] l'osservazione del Flaiano è portata piuttosto a riflettersi nell'interno dei suoi personaggi, i quali nella maggior parte dei casi o sono figure emblematiche di certe particolarità morali assai più che psicologiche del nostro tempo, o sono una proiezione dello stesso scrittore, e soprattutto della sua intollerabilità di fronte ai costumi e al costume[56].

53 E. FLAIANO, *Una e una notte*, cit., p. 532.

54 Ivi, p. 535.

55 Ivi, p. 520.

56 F. VIRDIA, *Due racconti di Flaiano*, «La Fiera letteraria», 13 settembre 1959, poi in *La critica e Flaiano*, cit., pp. 117-119, p. 117.

Dopo undici anni di assenza, dopo essersi dedicato pienamente all'attività di giornalista, sceneggiatore di cinema e teatro, Flaiano tornò alla narrativa. Nel febbraio 1970, nella collana "la scala", l'editore Rizzoli pubblicò il volume *Il gioco e il massacro*, composto dai due racconti *Oh Bombay!* e *Melampus*. Enzo Siciliano li definì romanzi brevi, «uno dei più significativi, dolorosamente significativi brevi romanzi della narrativa italiana»[1]. Del resto, anche lo stesso Flaiano definì, nel 1958, il racconto *Una e una notte* un romanzo breve.

Il Gioco e il massacro conserva un tentativo dai nuovi esiti narrativi diversificandosi dalla letteratura italiana del periodo, la cui molteplice produzione era, secondo Franco Trequadrini[2], prettamente a sfondo consumistico dai vuoti contenuti, che trova una risonanza solo nei premi letterari. Il libro di Flaiano è al di fuori dagli schemi, ha provocato discussioni e dispiega una scrittura che sicuramente non rientra nell'ottica dei tentativi di ribellione e di rottura registratisi negli anni '60, ma rappresenta uno dei pochi tentativi in grado di donare un nuovo respiro alla prosa italiana. Ma, come già detto, ha anche suscitato dibattiti e perplessità: l'amico Arrigo Benedetti, all'epoca nuovo direttore de "Il Mondo", ne rimase colpito in negativo. Nel 1969, Benedetti chiese a Flaiano di collaborare con la rinata rivista; Flaiano inviò *Oh Bombay* e non ebbe il consenso di Benedetti; il breve romanzo non venne ritenuto adatto per la pubblicazione sulla testata giornalistica. Scriveva Benedetti a Flaiano:

Ho letto subito il racconto e ti dico francamente che non è adatto al "Mondo".
Non lo è per varie ragioni. Le pagine più vive sono le ultime e siccome noi (anche tu, lo so) non siamo conformisti, mi parrebbe una contraddizione indulgere al linguaggio oggi così di moda che, essendo, per combinazione, sconcio, mi irrita doppiamente[3].

Flaiano ne fu molto risentito, e non diede più seguito alle sollecitazioni di collaborazione con la rivista da parte di Benedetti. Il giudizio moralista sul linguaggio non trovò d'accordo Flaiano, in quanto il tema principale, non solo di *Oh Bombay!*, ma dell'intero volume de *Il gioco e il massacro*, è quello della metamorfosi e del sesso: temi delicati della società contemporanea che Flaiano osserva con accurata maestria, non escludendo un linguaggio che possa ben rappresentare tali tematiche.

---

1 E. SICILIANO, *Introduzione*, in E. FLAIANO, *Melampus*, Milano, Rizzoli, 1974.
2 F. TREQUADRINI, *Antiromanzo e satira in Ennio Flaiano*, L'Aquila, Editore del «Buccio», 1975, pp. 51-53, poi, con il titolo *Melampus*, in *La critica e Flaiano*, cit., pp. 134-135, p. 134.
3 E. FLAIANO, *Soltanto le parole*, cit., p. 329.

Non mancano giudizi positivi, come quelli di Carlo Bo sul «Corriere della sera» del 22 marzo 1970:

Flaiano fissa le radici di questo nuovo libro sul terreno della vita, lasciando immaginare al lettore tutto quello che in questi anni ha saputo macinare e ricavare dallo spettacolo della vita. La struttura del libro sembra voler convalidare questa impressione, dato che tutto diventa pretesto per inseguire la verità per scorci, per folgorazioni o soltanto per un giuoco di risentimenti morali. In altre parole Flaiano fra un tipo di rappresentazione morale (e per il quale avrebbe avuto le carte in regola) e un racconto di riflessi non ha avuto dubbi, anzi, ha messo sullo stesso piano gli echi di realtà e le sue reazioni. Il che equivale a dire: badate che il mondo non ha più una sua logica apparente mentre ne conserva una tutta segreta e nascosta dietro le piaghe e gli atteggiamenti superficiali ed esteriori[4].

Il titolo del libro è in linea con la poetica dell'autore; si ravvede l'allusione al registro della sua scrittura, con le caratteristiche stilistiche che lo contraddistinguono: «gioco» che va a rappresentare la vena di Flaiano verso la battuta e l'intreccio, «massacro» termine il quale si sottintende ciò che il gioco cela, la profondità e il dramma nascosti dietro al sarcasmo. Le battute che scatenano l'amaro sorriso intrecciano visione e saggezza: la pagina è dilatata a più livelli di lettura con straordinaria capacità narrativa; ben congegnata in meccanismi di imbroglio e di intreccio, dietro un apparente disimpegno, essa restituisce al lettore una chiave di lettura dei tempi in cui viviamo. L'esperienza nel cinema e nel teatro ha aiutato Flaiano, secondo Carlo Bo, nella sua capacità di offrire molteplici soluzioni. Flaiano è un autore che non è facile da comprendere se si rimane ancorati alla superficie della pagina scritta, senza tener conto dei suoi modi trasversali di confrontarsi con la letteratura strutturata.

Il gioco e il massacro è introdotto da una nota d'autore:

I manoscritti che sono stati trovati in due bottiglie. Si riflettono l'uno nell'altro e si completano, ed è questo il fine che li unisce. Il primo, *Oh Bombay!*, racconta la trasformazione di un uomo; il secondo, Melampus, la trasformazione di una donna. Come quei suppliziati di una volta, chiusi in casse dalle quali sporgevano soltanto con la testa, essi si riconoscono e, per ingannare il tempo della pena, raccontano le loro storie, sempre meno improbabili in una società dove la metamorfosi è una vita di ricambio, tra il gioco e il massacro[5].

Con questa nota viene premessa la relazione tra i due testi, come in *Una e una notte*, in cui i due racconti sono definiti facce della stessa medaglia, facce dello stesso dado come il dramma e la farsa. Così ne *Il gioco e il massacro*. Flaiano invita i lettori a intendere i due testi come un unico testo.

4 C. Bo, *Il gioco e il massacro*, in «Corriere della sera», 22 marzo 1970, poi, con il titolo *Il nuovo Flaiano*, in *La critica e Flaiano*, cit., pp. 126-127, p. 126.
5 E. FLAIANO, *Il gioco e il massacro*, in *Opere scelte*, cit., p. 730.

La possibilità di cambiare, la possibilità di una metamorfosi personale che viene cercata nel corso della vita, è ciò che l'autore esprime nei due racconti. *In Oh Bombay!* il protagonista Lorenzo Adamante, un arredatore aspirante regista omosessuale che riscopre l'eterosessualità. In *Melampus*, il protagonista Giorgio Fabbro si innamora e intraprende una relazione con la bella ricca e aspirante artista Liza Baldwin, che assumerà gli atteggiamenti di un cane. I due racconti si svolgono in lontananza: *Oh Bombay!* ha lo scenario principale ad Hong Kong, dove Flaiano era stato per lavorare al film *Hong Kong, un addio* di Gian Luigi Polidoro; e *Melampus* a New York, in cui l'autore visse per alcuni anni dal 1964. I luoghi per Ruozzi sono il riflesso del tentativo di prendere le distanze dal nauseante scenario italiano. «Fu uno sforzo senza fortuna, sia per i legami inscindibili con l'Italia sia per il senso di vuoto che accompagnava ogni luogo. Flaiano si sentiva estraneo ovunque»[6].

4.1 OH BOMBAY!

Il protagonista del racconto è Lorenzo Adamante, un arredatore di cinquantadue anni. In un viaggio ad Hong Kong, capisce che le vecchie abitudini omosessuali lo stanno abbandonando, in seguito all'incontro con le prostitute di night-club Mary Lan e Gloria Ping.

In questa avventura in Estremo Oriente avviene anche l'incontro con il narratore. Tornato a Roma nell'ambiente mondano e artistico da lui frequentato, cerca di sperimentare questa sua nuova natura sessuale, così intraprende una vivace relazione con la disinvolta e libertina amica Anna Baccani, chiamata dal protagonista nel suo diario (che sarà oggetto di lettura del narratore, in quanto è stato inviato dal protagonista al narratore affinché lo aiuti a comprendere i fatti che gli sono accaduti) con l'abbreviativo Anna Bac. Adamante non vuole costruire un legame, ma, in un secondo tempo, nel protagonista si scatena un bisogno di scavare nelle profondità dei propri sentimenti. Non trova in questo l'appoggio di Anna, sempre più presa dal volgare ambiente, vuoto e mutevole, artistico-cinematografico, delle cene in piedi e delle ridicole inaugurazioni private: il loro è un gioco mondano e sessuale tipico dei rapporti estetico occasionali che porta il protagonista a divenire preda della gelosia. L'ansia di normalità si scontra con le particolarità caratteriali e la disponibilità sessuale di Anna Bac. Adamante giunge all'apice della metamorfosi quando si troverà di fronte la sua immagine riflessa dallo specchio delle scale di un albergo e ne proverà orrore e sgomento dallo stravolgimento perpetuato dall'esistenza. Con commenti ironici e calzanti un minuscolo televisore giapponese acquistato ad Hong Kong da Gloria Ping, in solitu

6 G. RUOZZI, *Ennio Flaiano, una verità personale*, cit., p. 211.

dine, restituisce le immagini inconsce dei fallimenti della sua trasformazione, tramite un miscuglio linguistico, di apologhi, proverbi, frammenti
di frasi, citazioni e non-sensi, dove si ravvede tutta l'esperienza cinematografica e letteraria di Flaiano. È una storia di illusioni e trasformazioni, puntualmente colte con l'accortezza dello scrittore, e con il modo
di operare del moralista che ci offre il giudizio e la verità della situazione sociale. Il personaggio, come altri di Flaiano, è uno dei tanti sconfit-
ti, che solo apparentemente sono artefici della loro storia, «è la storia che
vive per conto suo, che è autonoma e trova in sé le ragioni dell'equivoco e dell'assenza di un centro comune. Flaiano non avrebbe potuto raggiungere questo grado di disintegrazione e volatilizzazione delle cose, degli oggetti quotidiani della nostra esistenza senza la milizia del teatro (in
senso lato)»[7].

4.1.1 UNA NARRAZIONE PARTICOLARE

La narrazione si interseca su vari livelli: quello in terza persona del
narratore e quello in prima persona nel diario del protagonista. È messa
a punto una struttura narrativa per certi versi sperimentale.

Tra il narratore e Adamante ci sono letture in comune: Čechov, Sten-
dhal, Proust, Casanova, i grandi memorialisti e Boccaccio che sono anche tra gli scrittori preferiti di Flaiano, e questo è un aspetto non mar-
ginale, in quanto queste analoghe letture saranno in seguito una chiave
fondamentale nell'interpretazione del diario. Il protagonista, infatti, affida al narratore il suo diario con il compito di trovare la tessera mancante
del puzzle, una soluzione che definisca i fatti avvenuti.

La mattina dopo fece un pacco del suo diario e me lo spedì con questo biglietto: «Man-
ca sempre una tessera per completare il puzzle. Quando avrà finito me lo rimandi per
favore»[8].

Il narratore butta giù una storia attenendosi, come afferma, alle in-
formazioni di Adamante. Già dall'inizio *Oh Bombay!* è una vicenda con-
clusa e la lettura del diario da parte del narratore è parte integrante del
racconto. Il narratore racconta dal suo punto di vista, e cerca di dare delle motivazioni del perché Adamante non è riuscito nella metamorfosi, e,
inoltre, porta alla luce quelle che sono le contaminazioni letterarie che
Adamante ha operato nella stesura del diario.

7 C. Bo, *Il nuovo Flaiano*, cit., p. 127.

8 E. Flaiano, *Il gioco e il massacro*, cit., p. 788.

Margherita Mesirca presenta il racconto *Oh Bombay!* come «un discorso basato su un altro discorso, riportato attraverso lo stile diretto, le citazioni, i differenti tipi di stile indiretto»[9].

Il narratore del racconto è extradiegetico, oscilla tra una posizione omodiegetica e autodiegetica, e la sua funzione narrativa diventa metanarrativa quando viene esplicato il processo di interpretazione del diario. La storia è narrata anche dal punto vista del protagonista, sempre sotto il vaglio delle soluzioni, volte a smascherare ciò che Adamante vuol far credere al lettore del diario, formulate dall'io narrante che ha già letto il diario: questa posizione di vantaggio conferisce al narratore la sua onniscienza, in quanto ha già in mano la soluzione riguardante la tessera mancante del puzzle, ma questa è un'interpretazione soggettiva che complica ulteriormente la storia. Adamante è il personaggio principale del suo diario, così come del racconto del narratore che rappresenta gli eventi accaduti, e in maniera spesso ironica accompagna il lettore verso la decodificazione della soluzione finale, il senso che Adamante avrebbe dovuto dare alla sua storia, la tessera mancante del puzzle attraverso i chiarimenti che pian piano si delineano nel racconto. La tessera mancante è una trasformazione a rovescio di Adamante nel Re del Garbo della novella boccacciana che approfondiremo in seguito.

In *Oh Bombay!* il rapporto di produzione e ricezione del racconto è raddoppiato:

[...] il narratore è produttore del racconto, Adamante ne è il ricevente; ma, allo stesso tempo, Adamante è il produttore della storia contenuta nel diario, e il narratore è il ricevente della medesima. La messa in evidenza della produzione o della ricezione avviene a due livelli. Da un lato il racconto del narratore contiene del diario di Adamante, citazioni letterali; allo stesso tempo, tutto il racconto del narratore è la messa in evidenza della ricezione del diario. D'altro lato, il racconto è la messa in evidenza della produzione del narratore, e la soluzione allude a come Adamante dovrebbe ricevere tale racconto[10].

Anche l'incontro diretto tra il narratore e il protagonista è duplice: una volta ad Hong Kong, dove intrattengono una conversazione, un secondo incontro nel contesto della cena in piedi in cui parlano delle loro letture in comune e soprattutto di Boccaccio.

L'atteggiamento del narratore nei confronti del protagonista è ironico, fin da subito. L'ironia si riversa maggiormente sui tentativi manipolatori che Adamante esercita nel suo diario: l'utilizzo di Boccaccio, come di altri testi letterari, è la tendenza del protagonista a contaminare, confondendo la pratica diaristica con la narrazione:

9 M. MESIRCA, *Le mille e una storie impossibili*, cit., p. 100.
10 Ivi, p. 130.

Una immagine elementare, rifuggente dal vivo, che cercava di comporre con elementi disparati, un disegno di Klimt, la testa di un francobollo, un daggherrotipo di donna nuda sul biciclo, la sua professoressa d'inglese. E, of course, sua madre che finge di dormire. C'era anche una ragazza del Giappone che metteva un dito sulle labbra e rideva silenziosamente[11].

In molti aspetti, può essere considerata un'ironia che Flaiano esercita nei confronti di se stesso, avendo, il personaggio, aspetti autobiografici: «veniva chiamato architetto benché avesse lasciato gli studi prima della laurea, preso da interessi letterari»; una «persona piacevole, estranea alla società di cui faceva parte per educazione e riserbo»[12]. Durante la lettura del diario, l'io narrante ironizza sull'incontro di Adamante con una prostituta a Hong Kong, sul suo tentativo di avvicinare altre prostitute e sul fatto che «i giorni vissuti fuori dalla cerchia degli amici e delle occasioni romane, così imprevedibili aveva spinto in lui una trasformazione»[13].

Il narratore, nella lettura di questa avventura orientale, insegue e analizza Adamante, rivelando timori, desideri, conseguenze, e mostrando che il suo scopo «non era quello dei turisti solitari che cercano per noia o per abitudine di pornofilia»[14]. Flaiano ritorna con la tematica della noia del turista, spesso ricorrente, già vista in *Adriano* e in *Una e una notte*; in *Oh Bombay!* l'io narrante è consapevole dell'essenzialità dell'essere turista, è il «desiderio del coito, puro e freddo, e proprio perché tale, indomabile che assale il viaggiatore solitario come un'ansia arcaica di depositare o fecondare»[15].

4.1.2 Il doppio e Boccaccio

Il concetto di doppio si interseca con il motivo della metamorfosi nei due racconti de *Il gioco e il massacro*. Le doppia natura sessuale, omosessuale ed eterosessuale di Adamante e Anna Baccani; la doppia natura, donna e cane, di Liza Baldwin in *Melampus*; in entrambi i racconti si palesa un gioco di specchi tra il narratore e il protagonista, e i molteplici passaggi dal raccontare in prima persona al raccontare il terza persona, dal racconto diretto alla lettura dei diari. Un gioco di specchi che rende l'oggettività un miraggio[16], in quanto la realtà è duplice e molteplice e ha, per Flaiano, diverse soluzioni possibili.

11 E. FLAIANO, *Il gioco e il massacro*, cit., p. 735.

12 Ivi, p. 736.

13 *Ibid.*

14 Ivi, pp. 737-738.

15 Ivi, 740.

16 Cfr. G. RUOZZI, *Ennio Flaiano, una verità personale*, cit., p. 214.

In *Oh Bombay!* c'è un passaggio fondamentale al settimo capitolo sul concetto di doppio e specchio:

Passò l'estate. Un giorno Adamante era andato in un albergo vecchiotto ma centrale, chiamato d'Inghilterra, per un colloquio d'affari con un cliente del suo paese d'origine. Parlarono tutti di arredare una villa. Terminato il colloquio, rifece il lungo corridoio, si perse, tornò indietro, non trovò più l'ascensore e discese per una scala. Di fronte a lui, dopo il pianerottolo, si ripeteva una scala identica che portava a un'altra ala dell'albergo. Mentre scendeva vide da quella seconda scala venir giù un uomo d'affari affaticato e dal volto bianco. Quando toccò il pianerottolo scoprì che tutta la parete di fronte alla scala che lui aveva disceso era un grande specchio, e che egli aveva visto dunque discendere se stesso, tentando di frenare l'affanno del cuore. Ne dedusse che tutto l'orrore è nell'esserci, nell'esistere realmente e nel saperlo di colpo, per esempio scendendo le scale di un albergo sconosciuto[17].

Lo smarrimento del protagonista è inserito in una scena di sconvolgimento spazio-temporale che può ricordare la pittura dei labirinti di Escher[18]. È un gioco di specchi in cui il protagonista si ritrova inserito, che riproduce se stesso in ogni direzione rimandando la sua immagine deforme.

Nel quinto capitolo, in occasione della cena in piedi, avviene il secondo incontro tra il narratore e Adamante. L'ambiente espone valori all'ultima moda, che prendono piede nella società contemporanea, nel segno delle nuove e provvisorie filosofie prive di ogni logica. Il disagio e la noia di quella festa inducono i due alla conversazione, e una loro contrapposizione di vedute su due novelle di Boccaccio va a delineare la chiacchierata: il narratore vorrebbe, in un'eventuale trasposizione cinematografica, che la settima novella della seconda giornata del *Decameron* su la principessa di Babilonia sia completata da quella della donna del falcone, con un'unica attrice che rappresenti entrambe: «due ritratti per una medesima donna». Questa ipotesi trova il disappunto di Adamante, perché sostiene che la principessa di Babilonia, Alatiel, «un'eroina sostanzialmente erotica», non può, allo stesso tempo, incarnare una donna che è solo «memoria, anzi melanconia della memoria», la donna del falcone. Ad assistere alla conversazione tra i due c'è anche Anna Bac, un'immagine perturbante che scatena ambigui pensieri al narratore, che individua in lei sottili analogie con Alatiel. L'unitarietà delle due novelle tramite un'unica attrice, vista dal narratore, è, come gli altri esempi già elencati, un altro esempio di doppio, che il cinema può perfettamente riprodurre affidando due parti a un unico attore: il tema del doppio è uno dei più ambiti nel cinema, grazie agli effetti suggestivi di moltiplicazione dei personaggi.

---

17 E. FLAIANO, *Il gioco e il massacro*, p. 777.

18 Cfr. G. RUOZZI, *Ennio Flaiano, una verità personale*, cit., p. 215.

Le due novelle boccacciane intrecciano in vari modi il racconto di Flaiano. La storia di Alatiel che dopo quattro anni, durante i quali ha dato seguito a felici avventure sessuali, giunge al promesso sposo, il re del Garbo, il quale, pur avendo compreso quanto accaduto, chiude la questione con il silenzio. Il silenzio di entrambi restituisce l'innocenza perduta alla ragazza. Mentre, l'altro silenzio è quello che caratterizza la figura di Federigo degli Alberighi, che per amore è divenuto povero, si sente costretto a uccidere il suo caro falcone, non avendo più nulla, per offrirlo alla sua amata monna Giovanna, Questa generosità apre il cuore della donna che dopo la morte del marito e del figlio acconsente di prendere Federigo come suo sposo. Il silenzio accomuna il re del Garbo e Federico, alle prese con due donne diverse, a giustificazione dell'idea del narratore che vorrebbe un'unica attrice per due diversità. Adamante rappresenta quindi il rovescio della storia di Alatiel: è incapace di accettare Anna Bac per il suo passato, non riesce a completare la sua trasformazione, di diventare l'eroe, come il re del Garbo[19]. Alla fine di *Oh Bombay!*, il narratore in un'immaginaria lettera, scrive un'ipotesi riguardante la tessera mancante del puzzle del diario di Adamante, ed è appunto un'identificazione del protagonista con il rovescio della storia della principessa di Babilonia:

O forse gli risponderò: «La tessera mancante mi sembra questa: quando la principessa di Babilonia, dopo le sue galanti avventure, si annunziò al re del Garbo con quattro anni di ritardo, costui 'fece gran festa, e mandato onorevolmente per lei, lietamente la ricevette'. È evidente che il protagonista della novella a questo punto diventa lui, che non chiede in sposa già eletta come e dove ha trascorso il suo tempo. [...] Il vero eroe del silenzio, il puro di cuore è il re del garbo. Il silenzio della principessa è glottologico, quello del re è un atto di fede in se stesso. E così 'rinnova' la principessa, esattamente come certi scespiriani pretendono che Fortebraccio rinnovi la Danimarca, arrivando a cose fatte e abolendo la tragedia con l'ordine di rimuovere i cadaveri. Il Boccaccio fa entrare alla fine della novella questo personaggio non candido, o sciocco, o semplicemente cocu, ma poeta, che cancella la memoria della donna, tacendo: ma 'lietamente'. Sempre più difficile: la principessa di Babilonia e il re del Garbo sono la stessa persona. Credo che bisogna scavare in questa direzione per capire perché la sua conversione, caro Adamante, non possa dirsi perfettamente riuscita, anzi nemmeno iniziata. Lei è rimasto fermo a Bombay (dove ebbe la pseudo-folgorazione), cioè un'immagine capovolta del suo vomito»[20].

La storia raccontata nel diario da Adamante è il rovescio della novella di Boccaccio. Una metanarrazione della lettura del diario da parte del narratore che fa di *Oh Bombay!* una metafora della vicenda di Alatiel, ma con l'impossibilità del protagonista di rinnovare il passato e la memoria.

L'eco decameroniana non è solo un espediente per la soluzione fina-

19 Cfr. Ivi, p. 213.
20 E. FLAIANO, *Il gioco e il massacro*, cit., p. 789.

le della vicenda di Flaiano, ma intreccia il racconto in maniere differenti: ci sono riprese della novella di Boccaccio nel catalogo di voci che fuoriescono dal minitelevisore; nelle descrizioni, che sono funzionali all'intreccio e alle analogie dei due racconti, come quella del tifone che infuria su Hong Kong e quella che fa il narratore riguardo il silenzio di Anna Baccani nella conversazione della cena in piedi:

Anna Baccani andò a prendere altro champagne per tutti, tornò con tre bicchieri come un'infermiera, poi si accucciò ancora nella poltrona, stavolta ritirando le gambe, aspettando il seguito. Si torceva le punte dei capelli che aveva lisci e fini, di un biondo cinerino. Dio, com'era bella! Il silenzio della principessa di Babilonia era condiscendente e imparziale. Accogliendola dopo anni di attesa, il re del Garbo non le chiese la ragione del suo ritardo, ma non parlò mai dei suoi, che apparteneva al suo silenzio[21].

La relazione di Adamante con Anna Bac è solo sessuale. È lo strumento di ricerca dell'identità, del proprio sé, ma con un esito che porterà a un'ulteriore disgregazione. Una conversione non riuscita. A differenza di Alatiel, che «lungo il suo incredibile viaggio, una discesa agli inferi, è preservata grazie alla sua incapacità di comunicare con gli innumerevoli amanti. Il recupero della parola, infatti, coincide con l'arrivo presso l'ignaro promesso sposo, col recupero cioè della coscienza e dell'identità»[22] e con la sua trasformazione in narratrice. Adamante non riesce a trasformare il suo tentativo di conversione in un racconto, a trasformarsi in narratore, a trovare un senso esistenziale al non-senso della sua avventura[23]. La conversione finale da personaggio a narratore di Alatiel «fa anche di questa novella una metanovella, una riflessione sull'arte del narrare»[24]; *Oh Bombay!* si associa a questa tematica, ma, a rovescio, una metanarrazione che definisce l'impossibilità di Adamante di trasformarsi in narratore, e l'intertestualità con la novella di Boccaccio è una soluzione, una pratica di contaminazione necessaria per riempire il vuoto della letteratura, che non può definire il senso dell'esistenza.

---

21 Ivi, pp. 768-769. Secondo uno studio di Margherita Mesirca che ha comparato il racconto di Flaiano con quello di Boccaccio, confrontando il testo fissato da Vittore Branca in Giovanni Boccaccio, *Decameron*, Torino, Einaudi, 1980.

22 E. GIAMMATTEI, *Flaiano e il fantastico da biblioteca*, in A. PALERMO – E. GIAMMATTEI, *Solitudine del moralista, Alvaro e Flaiano*, Napoli, Liguori, 1986. p.184.

23 Abbiamo già evidenziato come la tematica del non-senso esistenziale sia ricorrente nella narrativa di Flaiano.

24 Ivi, p. 216.

4.1.3 TV: PORTAVOCE DI UNA PERTUBATA COSCIENZA

Nel racconto *Oh Bombay!* Flaiano ha inserito una delle sue invenzioni più geniali: un minitelevisore che diviene l'estensione della coscienza del protagonista nonché coscienza della società di massa.

Adamante non ha conquistato l'amore, l'unione metamorfosi, ma solo l'orrore e lo sgomento dovuto alla degradata immagine di se stesso riflesso dallo specchio sulle scale di un albergo. Lo stesso orrore gli viene restituito da un televisore impazzito. Il televisore, simboleggiante la coscienza inquinata della società contemporanea, agisce riflettendo immagini che fanno da dettami, da guida della coscienza collettiva. Il televisore portatile, «un curioso oggetto che poteva sembrare una macchina fotografica Canon e in realtà era un televisore di dimensioni minime»[25], è una delle colonne portanti e significative di *Oh Bombay!*, e di tutta la narrativa di Flaiano, «un'invenzione geniale per sintetizzare l'orrore della modernità»[26]. Il televisore agisce da doppio del protagonista, porta in superficie, attraverso immagini inconsce, tipiche di un sogno, riflessi della propria coscienza.

Flaiano, con questo significativo oggetto della modernità, ripropone tematiche già espresse, in maniera meno estesa, in Adriano: in occasione dell'ultimo capitolo, il protagonista prova fastidio per i fastidiosi applausi provenienti dal televisore dei vicini.

In *Oh Bombay!*, al suo primo utilizzo nella camera d'albergo ad Hong Kong, il televisore propone la diretta di un barbaro tifone che si è abbattuto sul posto: restituisce immagini speculari della realtà, una realtà che diviene spettacolo nello stesso istante in cui avviene; la vita è trasformata in esibizione, dove ogni oggetto nella società di massa viene elevato a culto. Il televisore è il filtro della realtà. La tragedia in diretta del tifone, nel passaggio tra realtà e la sua ripetizione, viene parcellizzata in dettagli, ridotta, deformata: atti che rendono l'esistenza in spettacolo.

Ma al sentimento di fastidio e di orrore, si mischiava l'ammirazione per quella cronaca così viva e immorale. Dio mio, tutto si stava trasformando in un seguito di happening, e di questo passo le cose sarebbero avvenute solo per essere viste, già spettacolo prima di essere la nostra vita[27].

La diretta del tifone può essere intesa, anche, come rappresentazione allegorica del cataclisma sessuale del protagonista; sconvolto dall'universo femminile, cercherà di rinnovare la propria memoria e di compiere un processo di conversione-metamorfosi.

25 E. FLAIANO, *Il gioco e il massacro*, cit., p. 743.

26 A. LONGONI, *Introduzione*, in *Opere scelte*, cit., p. XXIII.

27 E. FLAIANO, *Il gioco e il massacro*, cit., p. 746.

La società dello spettacolo è un'evoluzione, una continuazione del tema affrontato già in precedenza da Flaiano. Già nelle descrizioni della romana società del caffè l'autore riporta, con occhio acuto, le trasformazioni sociali degli anni '50, attraverso la pagina scritta, e non solo, trasformazioni messe in scena anche attraverso l'attività teatrale e cinematografica (il film *La dolce vita* ne è un esempio), con quella tagliente ironia che suscita riso e, al contempo, una profonda amarezza.

Di ritorno da Hong Kong, tornato alla vita romana, Adamante si imbatte diverse volte in momenti deliranti con il piccolo televisore. Un rapporto che diviene sempre più un altalenarsi tra realtà e incubo. Nel terzo capitolo, è a letto malato, in preda alla gelosia nei confronti di Anna Bac non rimasta ad assisterlo perché recatasi a una diurna teatrale de *Il giardino dei ciliegi*, Adamante si addormenta con il televisore acceso. In questa occasione il minuscolo oggetto diviene non solo un trasmettitore di immagini, ma rende queste ultime un connubio visionario con le immagini della mente del protagonista. È trasmessa una partita di pallacanestro (come poi sapremo nel quinto capitolo è la stessa che insieme stanno guardando il narratore, Anna Bac e la sua amica Angela), e i corpi dei giocatori subiscono una metamorfosi, diventano un unico corpo informe per poi modellarsi nella figura di Anna Bac alle prese con un rapporto sessuale. Adamante comprende che ciò che sta osservando dal piccolo schermo sta avvenendo in diretta e chiama Anna al telefono per scongiurare il tradimento. Una perfetta scena di doppio: il telefono squilla e Anna interrompendo l'atto sessuale risponde al telefono, ma il protagonista non riesce a parlare e perde i sensi. Le immagini surreali sono elaborazioni della coscienza di Adamante, descritte con l'interlocuzione del narratore. Un atto allucinatorio sintomo di un'intossicazione causata dal televisore, diagnosticata dal medico il giorno successivo: Adamante funge da sineddoche della società con la coscienza intossicata dai media.

D'ora in poi le visioni si susseguono in maniera cadenzata in ogni capitolo. In esse vengono esplicitate la realtà dei bisogni esistenziali e la verità del non-senso, una «serie infinite di invenzioni senza sviluppi e conclusioni»[28]. Nel quarto capitolo la visione è costruita sul modello della diretta, con inquadrature tipiche del mondo televisivo. Sotto l'insegna "Night Club Terra Santa", c'è uno speaker che commenta in maniera incomprensibile, attorniato da un silenzioso pubblico ben vestito, l'avanzare faticoso lungo la Via Dolorosa di un uomo barbuto sotto il peso di un fardello invisibile. Intorno all'uomo, ci sono delle guardie e una folla che grida «la gioia di esserci, di assistere». In cima alla collina piena di croci, le guardie preparano il patibolo e con un sorriso mostrano allo speaker dei lunghi chiodi. L'uomo barbuto non è altro che Adamante stesso arrancante nel processo di trasformazione: un preludio del suo fallimento. È soggetto anche lui alla

---

28 Ivi, p. 775.

spettacolarizzazione dell'esistenza, frequenta locali notturni, come il night club ad Hong Kong che non a caso si chiama "The Show". Questa sconcertante visione, che avviene da sveglio, è la contaminazione della realtà del protagonista con il cammino spettacolarizzato della *via crucis*: è la vita stessa che diviene spettacolo: questa immagine è un appiattimento, una messa in scena della coscienza resa con uno spettacolo grottesco. Flaiano è in linea con ciò che Guy Debord sottolinea: le immagini sono diventate reali in un mondo trasformato in tutto e per tutto in immagini; la società percepisce una realtà imposta, ed è da essa ipnotizzata e dipendente.

L'era dello spettacolo integrato celebra infine la completa maturazione della prospettiva spettacolare, la completa conversione del vero nel falso, la prevalenza del simulacro sul reale. Tutto ciò che era direttamente vissuto si è allontanato in una rappresentazione[29].

Non occorre ascoltare quel che dicono i redattori, è il tono, il fluire inarrestabile degli ideogrammi che fanno notizia. Ma siccome il modo in cui la dicono non m'interessa più, io sto rischiando di vivere in un mondo dove non succede più niente[30].

Nel sesto capitolo le visioni che il protagonista ha, si fanno sempre più radicali. Ognuna è separata da uno spazio bianco e sono spesso introdotte da applausi, come un vero show televisivo. Queste visioni, di cui ora parleremo, vanno a significare e a mettere in evidenza la contaminazione letteraria che Adamante ha utilizzato per narrare nel diario, quella che è poi l'intera vicenda di *Oh Bombay!*. Bislacca e allucinatoria è la visione della discesa in cui delle scimmie blu trasportano dei corpi di donne e uomini per poi martoriarli: una decadente trasposizione delle immagini del quinto canto dell'*Inferno* di Dante, dove i dannati sono percossi e molestati dalla bufera. Improvvisamente lo scenario cambia e troviamo un corridoio di pareti di cristallo e le stesse scimmie vestite da chirurghi intenti tra peripezia e sbadataggine a togliere gli organi ai corpi: l'allusione alle pareti di cristallo, sembra rimandare al racconto di Borges *La biblioteca di Babele*[31] che può dare alla buffa azione delle scimmie la valenza e un accostamento alla pratica della contaminazione e dello smontaggio di testi letterari, come la scrittura di Adamante. Infatti la visione cambia di nuovo scenario, e il nar-

29 C. FRECCERO – D. STRUMIA, *Introduzione*, in G. DEBORD, *La società dello spettacolo*, trad. it. P. SALVADORI e F. VASARRI, Milano, Baldini, 1997, p. 17. Cfr. M. MESIRCA, *Le mille e una storie impossibili*, cit., pp. 128-129.

30 E. FLAIANO, *La solitudine del satiro*, Milano, Rizzoli, 1973, p. 195.

31 J. L. BORGES, *La biblioteca di Babele*, in *Finzioni*, Torino, Einaudi, 1985. Nel racconto di Borges si narra di una biblioteca infinita, dove i libri raccolti sono tutti di 410 pagine, in cui i disordinati caratteri sono disposti in tutte le combinazioni possibili. Ogni possibile libro subisce una pratica di smontaggio letterario e si ripete infinite volte. Flaiano, accostandosi a questo testo borgesiano, allude anche all'impossibilità di poter catturare una verità oggettiva, in quanto, nella biblioteca di Babele, lo smontaggio in infinite combinazioni possibili restituisce, tra i tanti, anche un libro che sia quello della verità, ma anche tutte le possibili varianti e i suoi opposti, con la conseguente impossibilità dell'uomo di poterli distinguere.

ratore descrive il protagonista mentre su una lastra di marmo che si estende all'infinito incide i vertici di un triangolo, «e così di seguito, un triangolo accanto all'altro, sino a formare il bozzetto dell'unica vera infinita scenografia dell'Edipo re e dell'Amleto, o di qualsiasi altro dramma che vi venga in testa»[32]: l'Edipo re è, secondo Genette, uno dei testi più soggetti a pratiche ipertestuali[33], e non possiamo dire meno dell'Amleto, a ribadire nuovamente come la letteratura, in generale e di Adamante, sia soggetta a contaminazione:

mi sorprende che non le abbia proposto contaminazioni del teatro classico ormai inevitabili, quali l'Edipo e l'Amleto (un accenno c'è stato, ma senza seguito)[34].

Fondamentale è il ruolo del piccolo televisore nell'ultima parte del racconto, dove c'è un'esplosione delirante di voci che porterà Adamante a rompere in maniera definitiva l'oggetto dopo un primo tentativo di rottura fallito. Il televisore inizia uno sproloquio ininterrotto, un gettar irrefrenabile di frasi; fa da voce narrante al flusso di coscienza che è dentro la mente di Adamante. Il lettore si trova di fronte un coro disumano, rumoroso, di frasi spezzate e aforismi; pagine prive di regolare sintassi e senza respiro, dove non c'è spazio per la riflessione che normalmente trasmette l'aforisma, ma solo per la coscienza inquieta del protagonista: «quella che presenta *Oh Bombay!* è una nuova sintassi aforistica»[35]. Per la nausea di tanta confusione il televisore viene scaraventato a terra, ma la rottura dell'oggetto è parziale in quanto il coro di voci riprende per altre quattro pagine. Il narratore riconosce nello sproloquio finale una serie di scrittori: «Pascal, Shakespeare, Cecov, Sainte-Beuve, Marcuse, persino Mantegazza. E molti amici. E San Juan de la Cruz»[36], una ricostruzione della memoria letteraria del protagonista, una nuclearizzazione delle contaminazioni insite nella sua scrittura e permeate in tutto il diario. Non sono solo presenti voci letterarie, ma anche voci simbolo della società del *boom* economico: frasi, soprattutto, del linguaggio televisivo, dai film alle pubblicità e i luoghi comuni che ne derivano.

Pagine in cui Flaiano riprende la scrittura automatica dei surrealisti, nel tentativo di portare sulla pagina scritta il processo creativo dell'inconscio, «i sordi ricettacoli di tanti echi», così definiti dai redattori del *Manifesto* del surrealismo[37]. Questo catalogo di voci ininterrotto è uno dei

---

32 E. FLAIANO, *Il gioco e il massacro*, cit., p. 775.

33 Cfr. G. GENETTE, *Palinsesti*, trad. it. R Novità, Torino, Einaudi, 1997, p. 248, p. 312.

34 E. FLAIANO, *Il gioco e il massacro*, cit., p. 789.

35 G. RUOZZI, *Ennio Flaiano, una verità personale*, cit., p. 99.

36 E. FLAIANO, *Il gioco e il massacro*, cit., p. 789.

37 Cfr. M. MESIRCA, *Mille e una storie impossibili*, cit., p. 122.

principali motivi del rifiuto di Arrigo Benedetti di pubblicare il racconto su «Il Mondo», ritenendo sconcio il linguaggio di queste pagine.

Adamante definisce il flusso di voci derivanti dal piccolo televisore una furiosa conversazione ininterrotta, in analogia con l'opera teatrale dello stesso Flaiano *La conversazione continuamente interrotta*: il tema dell'opera è la crisi della letteratura e della creazione artistica; un regista, un poeta e uno scrittore cercano di collaborare per tirar fuori una storia per un film, ma le storie abbozzate subiscono un miscuglio in cui fluiscono i loro bisogni esistenziali, portando la conversazione ad interrompersi trasformandola in massa ingente di chiacchiere[38], in stretta similitudine con le voci di *Oh Bombay!* appena descritte:

Dal televisore scorreva un sommesso torrente di frasi agglutinate e di suoni, come se parecchie voci e diverse intenzioni tentassero di sopraffarsi l'un l'altra. [...] Tra le varie voci parve ad Adamante di riconoscere la sua stessa per dei falsetti che detestava; e quella di Anna Bac, e le voci di altri amici comuni, persino la mia, in una furiosa conversazione ininterrotta, che man mano si andava placando. Le parole cominciarono a staccarsi come bolle di sapone, a essere comprensibili, restano sospese a mezz'aria, ripetute da un'eco, e poi come messaggi di guerriglia e infine dettate, con le lunghe pause che l'annunciatore del bollettino meteorologico riserva ai naviganti di piccolo cabotaggio, nella supposizione che vogliano annotarle. Era un invito che Adamante accolse. Questo dettato durò due ore[39].

Adamante, nauseato dal frastuono che gli ricorda «tutto quello che aveva detestato quando era giovane, l'odio e l'entusiasmo delle adunate»[40], distrugge il televisore ripristinando il silenzio.

4.1.4 RISCRITTURA, METALETTERARIETÀ E INTERTESTUALITÀ DEL DIARIO DI ADAMANTE

In *Oh Bombay!*, Flaiano ribadisce il suo scetticismo nei confronti della letteratura attraverso una pratica «scissa tra evocazione e rifiuto della narratività»[41]. Il discorso metaletterario è parte integrante del racconto, che si fa luogo della riflessione narrativa; vengono indagate le strategie di cui lo scrittore si è servito, senza sovvertire un tradizionale utilizzo dei codici espressivi.

Adamante si affida alle sue letture, alla sua memoria letteraria, e cerca di copiare, di usare il già scritto per nobilitare la propria esperienza: un tentativo di riscrittura di libri esistenti che facciano da specchio, e «allo

---

38 Cfr. L. SERGIACOMO, *Invito alla lettura di Flaiano*, Milano, Mursia, 1996, p. 163.

39 E. FLAIANO, *Il gioco e il massacro*, cit., p. 781.

40 Ivi, p. 788. Cfr. G. RUOZZI, *Ennio Flaiano, una verità personale*, cit., p. 222.

41 E. GIAMMATTEI, *Il diario parallelo*, in *Solitudine del moralista*, cit., p. 153.

stesso tempo attua questa pratica di riflessione e riscrittura costruendo-si su un palinsesto di una novella a sua volta da un processo di reinvenzione»[42].

Adamante si affida a un lettore, il quale si trasforma in narratore per ricostruire il senso della storia. Il narratore basa il suo discorso su una storia priva di senso e piena di contraffazioni di voci letterarie rese in immagini. È un dialogo intertestuale, *Oh Bombay!*, dove le contaminazioni vengono assunte e trasformate in meccanismo narrativo, e il narratore con la sua indipendenza critica nei confronti della storia di Adamante porta alla luce il 'collage' da cui prende forma *Oh Bombay!*: un racconto finalizzato alla riflessione metanarrativa e metaletteraria.

L'immaginario non si costituisce contro il reale per negarlo o compensarlo: si stende tra i segni, da libro a libro, nell'interstizio delle ripetizioni e dei commentari; nasce e si forma nell'intercapedine dei testi. È un fenomeno da biblioteca[43].

La storia di Adamante è composta per frammenti, come vuole il genere del diario e il modello seguito è la scrittura intima dei diari di Gide. Adamante seguendo il suo modello, vi annota ogni cosa, malattie, diete, pensieri istantanei, ma, a differenza di Gide, non riesce in ciò che la scrittura intima comporta, a sentire la presenza di se stessi. Il processo di scrittura porta in Adamante la perdita dell'identità, con la sua intimità contaminata dalle letture.

Il narratore restituisce il diario ad Adamante, a cui mostra il senso, l'ordine della storia e, in maniera implicita, come un diario (genere su cui molti critici, come Barthes e Genette, hanno dibattuto, riguardo alla sua appartenenza alla letteratura), una scrittura per frammenti, si faccia racconto. Flaiano, in *Oh Bombay!*, mette in risalto il processo attraverso con cui una storia costruita per frammenti diventa racconto: una modalità compositiva spesso utilizzata.

[...] la forma diaristica è in contrapposizione con quella narrativa. Già i formalisti russi, che avevano un forte interesse per il diario, e poi i teorici e i narratologici francesi, da Rousset a Barthes alla Didier, hanno insistito sul fatto che il diario, avendo uno sviluppo cronologico, ma non logico causale, sembra restar fuori dal territorio specifico della narrativa [...]. Possiamo dire, allora, che c'è diversità strutturale di base tra diario e narrazione, eppure ci sono continue interferenze fra i due tipi di scrittura, [...] anche perché spesso il diario ha invaso lo spazio stesso della narrazione, divenendone una sezione, e andando a organizzare, sotto forma fittizia, la struttura[44].

42 M. MESIRCA, *Le mille e una storie impossibili*, cit., p. 144.

43 M. FOUCAULT, *Un Fantastico da biblioteca*, in *Scritti letterari*, a cura di CESARE MILANESE, Milano, Feltrinelli, 1984, p. 138.

44 R. CESERANI, *Il diario nel racconto fantastico e realistico dell'Ottocento*, in *Le forme del diario*, Padova, Liviana, 1985, pp. 83-87.

La rilettura, o meglio, la narrazione di una narrazione, svolta dal narratore, di cui abbiamo già accennato, mette in risalto quelle che sono le contraffazioni, la metaletterarietà e il conseguente processo di riscrittura del diario di Adamante. Lo stesso Flaiano è autore di opere di riscrittura: l'opera per il teatro *Amleto 43 (Monologo in quattro quadri e un epilogo)*, che troviamo nella raccolta postuma *La valigia delle Indie*, dove è riscritta in chiave anti-eroica l'opera di Shakespeare: un Amleto dimesso davanti a una società banale; la traduzione del *Corvo* di Edgar Allan Poe, e la traduzione è un procedimento di riscrittura per eccellenza.

All'interno di *Oh Bombay!* è presente una fucina di titoli di opere e autori: la prostituta Gloria Ping chiama la perturbazione, abbattutasi su Hong Kong «Thypoon»[45] come il titolo originale del romanzo di Conrad, nel quale, non a caso, Hong Kong è uno dei porti possibili su cui far sbarcare il piroscafo, alle prese con un tifone, e il suo carico umano di cinesi. Nel corso della cena in piedi, il narratore etichetta quell'evento allestito per celebrare il rinnovato arredamento di una casa a opera di Adamante con «filosofia dell'arredamento»[46], come il saggio del già citato Edgar Allan Poe *La filosofia dell'arredamento*, un ironico affresco della società a lui contemporanea.

Margherita Mesirca rileva già dal nome del protagonista una contaminazione tra Adamo e amante. Adamante subisce un furto nel suo appartamento e gli viene sottratta una collezione di monete d'oro, un episodio che viene messo in correlazione al personaggio dantesco del XXX canto dell'*Inferno*, il falsario della moneta fiorentina Mastro Adamo. La falsità della scrittura di Adamante, e in generale, viene comparata a un'attività di falsificazione, come quella delle monete; «lo scrittore è il falsario per eccellenza, perché fa passare per reale ciò che non è che il prodotto della sua immaginazione»[47].

Interessanti sono i rapporti con Proust. Flaiano si è imbattuto in una sceneggiatura, un'opera di riscrittura e un tentativo cinematografico del 1964-65 mai realizzato, intitolato *Progetto Proust*. Maria Sepa, la curatrice del volume, sottolinea che Flaiano mette al centro del progetto il quarto volume, *Sodoma e Gomorrhe*, dell'opera *Alla ricerca del tempo perduto*, che è anche il libro letto spesso da Adamante. Il *Progetto Proust*, vuole, in analogia con *Oh Bombay*, un narratore con la funzione di indagare le vicende e i sentimenti con una narrazione predisposta una «sovrapposizione o accostamento cubista di episodi e tempi che non sono necessariamente in successione cronologica»[48]. Proust ritiene che la memoria possa

---

45 E. Flaiano, *Il gioco e il massacro*, cit., p. 742.

46 Ivi, p. 764.

47 M. Mesirca, *Le mille e una storie impossibili*, cit., p. 126.

48 E. Flaiano, *Progetto Proust. Una sceneggiatura per la «Recherche du Temps perdu»*, a cura di M. Sepa, Milano, Bompiani, 1989, p. 8.

afferrare quali siano state le trasformazioni arrecate dal tempo sugli uomini e sulle cose. La ricerca del tempo perduto e il recupero del «tempo ritrovato» sono la dimensione più profonda della coscienza, in grado
di restituire un'autentica identità; ma, come in altri luoghi di riprese letterarie nell'opera, in Adamante la corrispondenza proustiana è al rovescio: la *Recherche* viene contaminata con la memoria letteraria, portando
alla contraffazione dell'esperienza. Il narratore deve apportare una ricezione critica della vicenda di Adamante, come vuole Flaiano per il lettore nel *Progetto Proust*:

Queste, ora, sono affidate al lettore, cioè alla nostra personale (e quindi autobiografia)
capacità di vedere e sentire personaggi e azioni come contemporanei a noi, cioè vivi[49].

Nel *Progetto Proust* Flaiano attua un'opera di riscrittura e in *Oh Bombay!* la memoria letteraria è trasformata in racconto, quindi, è anche un
processo di riscrittura dove in parallelo è raccontata la sua scrittura. C'è
un aforisma fondamentale, con cui Proust è ripreso in *Oh Bombay!*: «Poiché l'amore è una scelta, non può essere che una cattiva scelta»[50], ed è
per Flaiano la chiave interpretativa della *Recherche* di Proust, presa come
punto fermo per la trasposizione cinematografica mai realizzata[51]. Un
uso strumentale della letteratura è evidenziato dal narratore, il quale cita
direttamente il diario di Adamante, per far trasparire la contaminazione con Proust:

«Un'Albertine che dice la verità è molto più abile di un'Albertine che nasconde la verità. Disastrosa, infine. Perché la gelosia che lavora sulle supposizioni trova almeno il con-
forto della fantasia e la possibilità di una negazione; mentre la gelosia che lavora sui fatti reali, accaduti, accennati nei particolari, ma senza che la narratrice ne provi fastidio
o ne finga rimorso, che li racconta anzi per stabilire la verità, per narrare a se stessa, per
mostrarsi com'è e lasciarsi guardare, è orribile»[52].

Leggiamo nel racconto anche la presenza di Čechov, nell'incontro a teatro, dove è in atto una rappresentazione de *Il giardino dei ciliegi*, tra il narratore e Anna Bac, e viene anche citato nelle frasi pronunciate dal televisore impazzito nell'ultima parte del racconto. Flaiano nutre una grande stima
nei confronti dell'autore russo e in una recensione riguardante quest'ultimo, dell'11 aprile 1965 in "L'Europeo", rende affermazioni che sembrano
richiamare i suoi concetti sociologici sul dramma dell'uomo moderno ed
anticipare la poetica di *Oh Bombay!* sul concetto di metamorfosi:

49 Ivi, p. 17.
50 E. FLAIANO, *Il gioco e il massacro*, cit., p. 754.
51 Cfr. G. RUOZZI, *Ennio Flaiano, una verità personale*, cit., p. 212.
52 E. FLAIANO, *Il gioco e il massacro*, cit., p. 753.

Čechov non è morto, è l'unico autore del XIX secolo che non si allontana nel tempo, che non diventa "classico", ma che anzi continua a parlare di noi. Tutto intorno al panorama è cambiato, ma egli si ostina a parlare di noi, perché era arrivato alle radici del dramma, l'incapacità dell'uomo di vivere nella sua condizione, gli sforzi che farà per uscirne, il crollo che si trascina addosso appena esige di vederci chiaro. [...] Čechov insomma aveva capito che l'uomo vive una brutta copia della sua vita e che la sua condanna è nel doversi continuare a giudicare. Vive nel suo inferno personale ed è il più esigente torturatore di se stesso, per il semplice fatto che si conosce abbastanza, Come si fa a conoscersi e poi a vivere con se stessi?[53]

Adamante, ormai sposato con Anna Bac, torna al paese d'origine, in Abruzzo, per motivi di lavoro. Durante una passeggiata mattutina, il protagonista contamina la sua descrizione della vuota domenica, «che fa vagare ometti lungo la riva dietro a un cane, o raccogliendo conchiglie e pezzi di legno» con davanti un mare dall'aria di casa, pigro, «che non si può guardare senza essere presi dalla sonnolenza e anche dal desiderio di fermarsi»[54], con la descrizione di Roquentin, il protagonista de *La nausea* di Sartre, di come gli abitanti di Bouville vivono la domenica:

[...] i ragazzini giuocavano a far rimbalzare i ciottoli sul mare, ed io avrei voluto imitarli, ma d'un tratto mi sono arrestato [...]. Debbo aver visto qualcosa che mi ha disgustato ma non so più se guardavo il mare o il ciottolo[55].

L'eco di Sartre ritorna nell'episodio già sottolineato dell'orrore che Adamante prova nel vedere la sua figura invecchiata nel grande specchio di un albergo, «e ne provò un gran spavento che lo costrinse a sedere sugli ultimi gradini, tentando di frenare l'affanno del cuore. Ne dedusse che tutto l'orrore è nel esserci, nell'esistere realmente e saperlo di colpo»[56]. Una deduzione molto vicina a quella che fa Roquentin, a conferma della vicinanza di Flaiano (in occasione, soprattutto, di *Tempo di uccidere*) con i grandi romanzieri dell'esistenzialismo francese del primo Novecento:

Questo momento era straordinario. Ero lì immobile e gelato, immerso in un'estasi orribile. [...] comprendevo la Nausea, ora la possedevo. [...] Voglio dire che, per definizione, l'esistenza non è la necessità. Esistere è essere lì semplicemente; gli esistenti appaiono, si lasciano incontrare, ma non li si può dedurre[57].

Interessanti in *Oh Bombay!* sono i richiami di immagini e temi in direzione di altre opere dello stesso Flaiano. Bisogna ritornare al catalogo

53 E. FLAIANO, *Lo spettatore addormentato*, a cura di Anna Longoni, Milano, Adelphi, 2010, pp. 155-156.

54 E. FLAIANO, *Il gioco e il massacro*, in *Opere scelte*, p. 778.

55 J.P. SARTRE, *La nausea*, trad. it. B. Fonzi, Torino, Einaudi, 1978, p. 12.

56 E. FLAIANO, *Il gioco e il massacro*, cit., p. 777.

57 J.P. SARTRE, *La nausea*, p. 177. Cfr. M. MESIRCA, *Le mille e una storie impossibili*, cit., p. 124.

perpetuo a più voci e alle visioni che il televisore trasmette. In occasione della scena infernale dove sono presenti le scimmie blu vestiti da chirurghi, Adamante si riconosce negli occhi di un grosso ratto che corre nei corridoi della sala operatoria accanto a unti coccodrilli; i quali hanno una semplice funzione decorativa, ma che ha invece per Flaiano un importante allusione, a richiamo del suo unico romanzo *Tempo di uccidere*.

In uno dei *Racconti di New York* del 1965, dal titolo *The Sony television set*, poi incluso nella raccolta *Diario degli errori* del 1975, c'è un'anticipazione di uno dei temi principali di *Oh Bombay!*: un piccolo televisore, leggermente più grande, 6 x 6, acquistato a Bombay. Questo trasmette la scena di un calvario, descritta da uno speaker, che poi verrà ripresa in maniera più estesa in *Oh Bombay!* con la visione della *via crucis* di Adamante.

L'orgia di voci del televisore, con citazioni, battute, giochi di parole, vicende, trame di libri, secondo Squarotti, «sono quanto rimane di un mondo e della parola e della rappresentazione letteraria andato in pezzi»[58]. Concetto che Flaiano riprende in *Ombre Bianche* del 1972, nel racconto *Il mostro quotidiano*, con i due scrittori intenti a comporre con una bella stenografa bionda che attende il loro dettato. Riescono solo a dar vita a sentenze, proverbi, parole capovolte di quest'ultimi, modi di dire, possibili idee di narrazioni. In analogia con la vicenda di Adamante, e la tematica dell'ormai vuota letterarietà che essa comporta, i due scrittori si trovano davanti all'impossibilità di inventare nuove vicende, quindi modificano e mescolano storie già esistenti in letteratura, satura di fatti, in un mondo in frantumi, dove tutto è ripreso e rifatto nel modo più volgare[59].

---

58 G. BÀRBERI SQUAROTTI, *Flaiano narratore*, cit., p. 51.
59 Cfr. Ivi, p. 52.

Melampus è un racconto nato da una sceneggiatura cinematografica scritta dallo stesso Flaiano, tra il '66 e il '67, con l'intento di esserne il regista. Questa sceneggiatura dal titolo *Melampo* (*About a Woman* in inglese) ricevette le rinunce dei produttori cinematografici, da Turi Vasili a Carlo Ponti, per essere infine realizzata nel 1972 da Marco Ferreri nel film *La cagna*, interpretato da Catherine Deneuve e Marcello Mastroianni; molte furono le revisioni della sceneggiatura originale e Flaiano con delusione e amarezza non riconobbe il suo lavoro nel film.

Il fallimento dell'idea filmica portò l'autore a un ripensamento della materia, e così la sceneggiatura venne trasformata in testo narrativo, con il titolo di *Melampus*, inserita nel volume, già discusso, *Il gioco e il massacro*. La sceneggiatura originale fu pubblicata postuma nel 1978 da Einaudi a cura di Aldo Tassone[1].

Trattare del racconto *Melampus* apre inevitabilmente una parentesi sul mondo artistico di Flaiano, che va oltre la narrativa, in direzione della sua attività cinematografica, forse quella per cui è maggiormente conosciuto. Oltre a *Melampo*, sono state pubblicate postume due raccolte di soggetti cinematografici mai realizzati,
Storie inedite per film mai fatti, nel 1984, a cura di Francesca Pino Pongolini e nel 2001 *La notte porta consiglio e altri racconti cinematografici*, a cura di Diana Rüesch. Da alcune sceneggiature inserite in queste due raccolte sono stati tratti dei film, ma non con la regia di Flaiano: dal testo *Addio Carolina*, Mario Monicelli trasse il film *Totò e Carolina*; da un soggetto del 1945-46 fu tratto *Roma città libera* del 1946, ma distribuito nel 1948, di Marco Pagliero, definito: «uno dei film più eccentrici e "maledetti" del dopoguerra, frutto di una bizzarra contaminazione tra neorealismo e influenze della cultura francese. Nonostante le firme di molti sceneggiatori tra cui Zavattini, è un tipico frutto dell'ingegno originale ed eterodosso di Ennio Flaiano»[2].

Melampus è un racconto che ha come protagonista Giorgio Fabro, uno sceneggiatore cinematografico approdato a New York per ispirarsi alla vita americana, ed è incaricato di scrivere una storia per un film. L'attività di Giorgio riflette il rovescio di Adamante, l'arredatore alla moda con il sogno di svolgere in futuro il lavoro di sceneggiatore per il cinema. Entrambi, Adamante e Fabro, tengono un diario, coerenti con gli altri personaggi di Flaiano, soliti appuntare i loro eventi e pensieri o leggere i diari intimi di Gide, di Joseph Joubert, di Jules Renard e del suo *Journal*.

---

1 E. FLAIANO, *Melampo*, con una nota di Aldo Tassone, Torino, Einaudi, 1978.

2 M. MORANDINI, *Il Morandini. Dizionario del film 2001*, Bologna, Zanichelli, 2001, p. 1137.

A New York Fabro viene aiutato a socializzare con il nuovo ambiente dalla sua assistente Florence Baker. I due diventano presto amanti, intraprendono un rapporto sessuale disinvolto e disimpegnato con nessuna intenzione di impegnarsi seriamente in amore. Ma a sconvolgere la situazione sarà l'incontro con Liza Baldwin, giovane dalla bellezza stravolgente, un «involucro di metamorfosi psicologiche, di una in particolare: quella di trasformarsi in cane, un cane metaforico, s'intende, che assume gli occhi dell'eterno italiano, tollerante e rassegnato, la posizione inedita di chi per essere amato ha bisogno delle carezza e del bastone»[3]. Quando Florence si sposa con un inglese, non può più tenere il suo cane Melampus, un cocker spaniel, e lo affida a Fabro. Un'omonimia tra il cane e il titolo del racconto che ha molti riferimenti letterari. È proprio la coppia Fabro-Liza a sottolineare, in uno dei loro dialoghi, la letterarietà del nome del cane, oggetto del loro incontro: è il cane spartano del terzo libro delle *Metamorfosi* di Ovidio che per primo riconosce il suo padrone Atteone trasformato in cervo dalla dea Diana e nel quindicesimo libro è il nome di un veggente greco con la facoltà di saper comprendere la voce degli animali; è il nome di un cane presente in *Lolita* di Nabokov e in *Pinocchio* di Collodi.

Dopo alcuni mesi, il nostro protagonista decide di tornare in Italia, ma prima di partire deve trovare una sistemazione al cane, ribattezzato con il nome italianizzato Melampo; cerca di venderlo, senza però riuscirci, finché trova una certa signora Baldwin interessata a prenderlo. Concordano un appuntamento a Central park, dove troviamo Fabro che per riflesso del flaianeo pensiero, meditare sulla scrittura:

Faceva freddo e non avevo idee. Ero vuoto, stanco, anche per essermi levato alle sette. Mi sentivo, a quarantotto anni, profondamente disimpegnato. Ho denaro per andare avanti ancora per qualche mese, poi dovrò riprendere a scrivere di cose che mi sembrano utili, ma già risolte prima di cominciare. Ancora cinema, articoli. Potrei proporre alla televisione un'inchiesta sul terzo mondo, come tutti. Oppure chiedere ad un giornale di essere inviato corrispondente in qualche paese[4].

All'appuntamento si presenta la figlia della signora Baldwin, Liza, una ragazza con cui il protagonista aveva recitato uno psicodramma dal pubblico partecipante in un teatro fuori Broadway qualche mese prima. Da questo incontro iniziano una relazione che con il passare del tempo acquisterà tinte paradossali. Si trasferiscono in una casa in campagna, a Chappaqua, ad un'ora da New York. Il rapporto da parte di Liza è morboso, dipendente, dedita, mentre lui cerca di prendere le distanze da questo atteggiamento e cerca, quando possibile, di tornare a New York

---

3 G. SPAGNOLETTI, *Il gioco e il massacro*, in «Il Messaggero», 23 marzo 1970, poi, con il titolo *Le favole di Flaiano*, in *La critica e Flaiano*, cit., pp. 20-22, p. 22.

4 E. FLAIANO, *Il gioco e il massacro*, cit., p. 821.

dove continua ad essere l'amante di Florence Baker. Fabro ha dei sentimenti ambigui: si sente appagato nel rapporto sessuale e attratto costantemente dalla bellezza di Liza, e allo stesso tempo teme la dipendenza e
la gelosia di quest'ultima. Ma ecco la morte improvvisa di Melampo, in-
vestito da un autocarro, che fa da evento perturbante: Liza inizia ad as-
sumere gli atteggiamenti da cane, si lecca, morde, si accuccia ai piedi
del letto, abbaia: vuole assecondare appieno l'istinto, senza compromes-
si nella dedizione amorosa, una schiavitù della passione estraniante per
entrambi, che ha reso l'uomo una sorta di amante-padrone. «Ormai viviamo a letto», «Non è nemmeno più amore, è distruzione lenta, quale il
dissanguarsi in una vasca tiepida»[5].

Fabro vuole capire, indagare su questa metamorfosi, ma è attanagliato dal dubbio sulla verità di questo atteggiamento canino. È reale o una
assurda commedia? Non riesce a trovare il senso (nessuno dei personaggi di Flaiano ci è mai riuscito), si sente stanco, e la vecchiaia, come per
Adamante, gli viene rivelata dal riflesso accidentale di uno specchio. Un
incidente di macchina sembra poter spezzare l'assurdità della situazione
che ormai sta divorando Fabro, ma è un'illusione: Liza torna quella di
sempre, intraprende una seconda metamorfosi, cambia le sue abitudini
di vita, l'arredamento e il suo sentimento d'amore diviene freddo, cinico, in attesa soltanto che l'uomo torni in Italia. Nella penultima sequenza, durante il corso della seduta psicanalitica tra Fabro e l'analista Gerald, si tenta di risolvere la metamorfosi di Liza, di dare una spiegazione
ai suoi comportamenti; Gerald, come il sottotenente di *Tempo di uccidere*
che ascolta il racconto dell'anonimo tenete, ha una sua personale soluzione, è convinto che i passati atteggiamenti canini della donna e ora quelli di donna cinica siano un tentativo di arginare il mondo circostante in
continuo mutamento, un modo di salvezza e fuga dalla realtà, che il suo
uomo non ha compreso e così è di conseguenza punito:

«Liza ha sentito la difficoltà nei rapporti col suo mondo circostante e immediato, e la
necessità di renderli semplici, naturali, animali. La degradazione canina accettata, anzi
inventata da Liza Baldwin come fuga dalla realtà, quella realtà che l'intelligenza non riesce più a coordinare, e che l'istinto può rendere forse più abitabile. Ma tu non capisci
la commedia, non capisci lo sforzo di Liza Baldwin per salvarsi con te. La tratti ansio-
samente, resisti alla fuga, invece di metterti anche tu ad abbaiare. E chiami me. A questo punto Liza ti punisce fino in fondo»[6].

L'epilogo però lascia degli interrogativi aperti, irrisolvibili, con una visione di Fabro immerso nella lettura nella veranda e la figura di Liza ac-
cucciata ai suoi piedi che «ascolta con un occhio aperto e allarmato, ma
senza abbaiare». Una «immagine del completo annichilimento dei due

5 Ivi, p. 866.
6 Ivi, p. 897.

amanti, dediti l'uno all'altro in una sorta di infernale e reciproca schiavitù, che può somigliare a una assurda letizia»[7].

Ruozzi rileva come il problema di questa non soluzione finale è già espresso nella sceneggiatura, in una stesura datata giugno 1968, dove c'è una conclusione in cui Giorgio e Liza si rotolano sulla spiaggia mugulando. Al dattiloscritto Flaiano aggiunge una nota, con cui sottolinea il suo odio per il lieto fine, spesso presente in molti film e racconti, che a suo dire sono una «pornografia sentimentale»[8]:

[ma non è un "lieto fine". Forse, un ritorno alla situazione iniziale, al serpente che si morde la coda, al circolo chiuso...][9].

Una illuminante definizione di questo racconto la dà Geno Spagnoletti nell'articolo *Il gioco e il massacro* del 23 marzo 1970 ne «Il Messaggero», in cui definisce *Melampus* una favola incantata, ma irrimediabilmente triste[10]. Una storia d'amore irrazionale, un ripetuto tentativo dell'autore di disintegrare la struttura narrativa. Per comunicare la realtà, o meglio, questo tipo di realtà moderna, un contenuto razionale non è una via auspicabile:

Dovrebbe risultare abbastanza chiaro come Flaiano, per raccontare una storia d'amore che si svolge in un paesaggio di cui ha colto i tratti e l'atmosfera in modo esemplare [...], in luoghi somiglianti a quelli dove uno scrittore come Scott Fitzgerald aveva fatto svolgere l'azione di un libro tanto diverso come *Il grande Gatsby*, può farci capire, come, anche qui, sotto la figura esteriore della verosimiglianza, si tenda a tutt'altro, al più profondo vero che si intravede o si sospetta dietro tra le pieghe di un racconto misuratissimo, al di là delle battute o del sarcasmo. In questo «Melampus» è un racconto che coglie meglio i segni del più diseguale «Oh Bombay!». Flaiano, lettore di autori che muovono in un'altra educazione classica – da Montale, a Kafka, a Beckett, – sa, ormai, che per avere un margine di credibilità parlando del reale, si deve farlo da un angolo imprevedibile, canino, magari, piuttosto che cinico[11].

In linea con *Oh Bombay!*, *Melampus* è una storia di metamorfosi, ma in questo caso le trasformazioni in gioco sono due, quella di una donna e quella sottesa nel testo, nel suo passaggio insolito da sceneggiatura a racconto letterario.

7 M. FORTI, *Catalogazioni e metamorfosi, Piovene, Flaiano, Crovi*, in «Il Bimestre», maggio-giugno, 1970, poi, con il titolo *Le metamorfosi di Flaiano*, in *La critica e Flaiano*, cit., pp. 129-133, p. 132.

8 E. FLAIANO, *Nuove lettere d'amore al cinema*, a cura e con prefazione di GUIDO FINK, bibliografia e filmografia a cura di DIANA RÜESCH, Milano, Rizzoli, 1990, p. 153.

9 Le sceneggiature sono state consultate da Gino Ruozzi, e sono conservate nel fondo Flaiano del Centro di ricerca sulla tradizione manoscritta di autori moderni e contemporanei dell'Università di Pavia. Cfr. RUOZZI, *Ennio Flaiano, una verità personale*, cit., pp. 236-237.

10 G. SPAGNOLETTI, *Le favole di Flaiano*, cit., p. 22.

11 M. FORTI, *Le metamorfosi di Flaiano*, cit., p. 132.

La metamorfosi interessata, della donna-cane, non è ispirata, come molti critici constatano, al romanzo *Lady into Fox* di Garnett, un racconto in cui la protagonista si trasforma letteralmente in volpe, ma, come si può leggere in una lettera del 20 maggio 1970 di Flaiano a Prezzolini, a un «"plus loin" come diceva Phédre, viene da Ovidio, da Apollo e Dafne e Galatea»[12].

Favola dell'amore deluso, amara leggenda sull'incomprensibilità della dedizione amorosa se non come animalesca dedizione, *Melampus* ha il vantaggio, su La signora trasformata in volpe, di non chiudersi in un emblema. La morte della signora Fox, dilaniata perché volpe dai cani da caccia, vuole rendere giustizia alla metamorfosi avvenuta: essa è impossibile, dichiara Garnett.
Per Flaiano la metamorfosi è il segno di un irrimediabile infelicità, una infelicità che non si placa nei fatti, e che spinge all'attesa: - e che «ricorda il regolare corso della felicità», ma non potrà esserlo al presente, mai[13].

La trasposizione letteraria della sceneggiatura ha dato vita a dei cambiamenti, spesso inevitabili quando c'è un passaggio da una materia ad un'altra. La sceneggiatura agisce fin dall'inizio con la coppia Fabro-Liza, con dei flashback che vanno a spiegare la situazione che precede il loro sodalizio, a differenza del testo narrativo dove i capitoli iniziali sono incentrati sulla vicenda dello scrittore giunto a New York per lavoro. Nella sceneggiatura di *Melampo*, Fabro pubblica il libro che ha scritto, seppure con insuccesso, mentre nel racconto il dattiloscritto gli viene rispedito dall'editore ed è un cambiamento significativo: sicuramente Flaiano vuole riprodurre la delusione del fallimento del film, costretto al ripiegamento letterario per non rinunciare totalmente a un progetto in cui crede.

Ci sono anche dei piccoli cambiamenti, che riflettono la meticolosità dell'autore: il cambiamento d'età, dai quarantatré di Fabro e i ventidue di Liza si passa ai rispettivi quarantotto e ventuno, e in entrambi i casi si nota come sia mantenuta l'opposizione giovane-vecchio presente anche in *Oh Bombay!*; viene sostituito il nome della bottiglia di Bordeaux stappata in una cena con il più italiano Borgogna; il nome dello psicanalista passa da Murphy a Gerald, figura molto importante nel racconto, speculare al sottotenente di *Tempo di uccidere*, che va ad analizzare insieme al protagonista la vicenda di quest'ultimo.

Melampo è il film desiderato, mancato e *Melampus* è un lavoro di riappropriazione di questo fallito progetto filmico.

---

12 E. Flaiano, *Soltanto le parole*, cit., p. 356.

13 E. Siciliano, *Introduzione*, in *Melampus*, cit., p. 12.

«Il punto è lo stile. Niente è materia più opinabile di una sceneggiatura. Ma io vedo il "mio" film, non il film che avrebbe ad es. un De Sica (e sarebbe un film di grande successo, non ne dubito) o come lo vedrebbe uno dei nostri giovani misogini o simbolisti, cioè un film contro la Donna, e contro il Sistema. Questa è soltanto la storia di due persone che devono bene o male continuare a vivere nella società, con una certa malinconia e qualche paura»[14].

5.1 UNA SCENEGGIATURA COME PALINSESTO

Nell'analizzare la morfologia di *Melampus*, si nota come il racconto dalla fine del settimo capitolo e l'inizio dell'ottavo si complica. La narrazione procede sia in prima sia in terza persona. A prevalere è quella in prima persona del protagonista, ma, ad essa, a tratti, si affianca un'altra voce che osserva Liza e Fabro: potrebbe essere sempre Fabro sdoppiato che analizza la situazione oppure un narratore esterno. La narrazione trapela equivocità senza soluzione, così come è equivoca la trasformazione di Liza e l'epilogo del racconto, irrisolvibile; le due voci che veicolano il racconto verso questa soluzione di stallo spesso non riescono a intersecarsi, e solo il lettore può decidere quale natura conferire alla trasformazione della donna-cane. «Più che concludersi, *Melampus* si blocca»[15].

È l'incertezza del senso da conferire alla storia a dominare: il narratore-Fabro indaga la metamorfosi della compagna, dissemina indizi nella narrazione, ma l'enigma rimane, e il ricorso alla metafora teatro-vita è l'unica consolazione e soluzione possibile: tutto è artefatto, tutto è commedia, così la metamorfosi indicibile tra verità e menzogna:

Tutti e due i personaggi devono essere dati con azioni in apparenza contraddittorie. Lei può essere in una scena "cane", e in quella seguente "intelligente", perché così il personaggio si tiene in piedi, stimolante, dubbioso. Il divertimento dev'essere mantenuto su un piano non troppo scoperto, ma con un contrappunto di angosce, di paure, di disperazione[16].

La metamorfosi di Liza, come per Adamante, è una trasformazione impossibile, un tentativo di amore assoluto e di liberazione degli istinti, «L'amore qui è inteso come un fatto estremamente ampio, estremamente divino»[17], con il protagonista e il lettore in ballo tra assurdo e scetticismo. Una motivazione, con le dovute differenze, in linea con la metamorfosi kafkiana, la trasformazione in inseto di Gregor Samsa per sottrarsi a

---

14 E. FLAIANO, *Appunti su Melampo*, in *Melampo*, cit., p.133.

15 M. MESIRCA, *Le mille e una storie impossibili*, cit., p.182.

16 E. FLAIANO, *Appunti su Melampo*, in *Melampo*, cit., p. 894.

17 E. FLAIANO, *Opere. Scritti postumi*, cit., p. 1236-1237. È uno spezzone di una risposta di Flaiano a una domanda di Giulio Villa Santa in un'intervista del 1972, riguardo la trasformazione in cane della donna, se essa vuole indicare una possibile via d'uscita dalla costrizione delle regole.

ogni possibile relazione con gli ambienti e le persone della vita normale, per incapacità di affrontare la realtà, che perde ogni consistenza e significato nel corso della metamorfosi.

Per poter sciogliere le ambiguità di *Melampus*, bisogna indagare proprio la sua origine, nella trasposizione da sceneggiatura a testo narrativo. Flaiano alla sceneggiatura di *Melampo* ha conferito una trasformazione della donna ben decifrata, senza dubbi, giocosa e artefatta, per assecondare il pubblico che non avrebbe sopportato l'incertezza, «perché se il pubblico pensa invece che lei sia una nevrotica ne proverà pena. Se pensa invece che stia giocando si divertirà»[18]: a detta di Ponti, il produttore del film mai realizzato. Nella sceneggiatura, Flaiano segue queste indicazioni a favore del pubblico, mentre nel testo letterario torna a quella che era la sua idea originaria, una terza strada, né reale né fantastica:

Questo è un punto da considerare. E stabilisce che nulla è possibile fare di serio in America, in fatto di dramma, di teatro - perché si vuol sempre servire un loro pubblico immaginario e tutto sommato incapace di reggere la minima verità senza vomitarla subito. Io terrò la cosa equivoca, lasciando allo spettatore trarre le sue condizioni. È nevrotica o è un'"attrice". Ognuno pensi ciò che vuole, c'è posto per tutti[19].

È già stata accennata la presenza di una voce ulteriore a quella di Fabro, constatazione utile per approfondire l'indagine morfologica e fare luce sulle tracce lasciate dalla sceneggiatura di *Melampo* in *Melampus*. Flaiano nel suo lavoro di scrittore per il cinema «ha sempre cercato, e credo riuscendoci bene, di salvare, di preservare la sua qualità di autore autonomo e questo poi l'ha portato ad accettare sempre meno la subordinazione al regista»[20]. L'autore pescarese ritiene che dalla sceneggiatura il regista debba ricavare tutto il sottinteso. Spesso ha adottato, insieme al regista Fellini, per esempio nei film *La dolce vita*, *Otto e mezzo* e *I vitelloni*, come sottolinea il critico cinematografico Bragaglia, una struttura a collana, unendo episodi staccati per formare un quadro unitario[21]: viene sovvertito l'ordine tradizionale delle storie, smontate e ricomposte; il cinema utilizzato per ricreare la vita e dare ad essa una forma alternativa. «La vita quotidiana è così affidata al caso ch'io non ne ho solo paura, ma anche paura»[22]:

18 E. Flaiano, *Appunti su Melampo*, in *Melampo*, cit., pp. 901-902.

19 *Ibid.* Cfr. M. Mesirca, *Le mille e una storie impossibili*, cit., p.150.

20 L. Persia, in *Flaiano sceneggiatore, in Flaiano vent'anni dopo*. Atti del convegno, Pescara 9-10 ottobre 1992, Pescara, Ediars 1993. p. 156. Sono dichiarazioni su Flaiano di Tullio Pinelli che ha molto lavorato come sceneggiatore al fianco di Flaiano.

21 Cfr. C. Bragaglia, *Introduzione*, in Ennio Flaiano, *Ombre fatte a macchina*, a cura di C. Bragaglia, Milano, Rizzoli, 1996, p. 13.

22 E. Flaiano, *Autobiografia del Blu di Prussia*, in *Opere e scritti postumi*, cit., p. 8.

[...] è proprio al tema della metamorfosi che va ricondotto il cinema secondo Flaiano, un "altro sé" inquieto e necessario che, tra gioco e massacro, dia voce al proprio io. La metamorfosi non è solo quella dei corpi e delle anime, ma pure della scrittura che divora se stessa e si trasfigura in forme letterarie altre, di modo che un racconto possa inghiottire una sceneggiatura [...][23].

Dal capitolo sesto le tracce lasciate dalla sceneggiatura iniziano ad essere chiare: le due materie, quella cinematografica e letteraria, si avvicinano.

La sceneggiatura, in generale, è la descrizione di dialoghi, eventi, personaggi e azioni, cioè un abbozzo di storia che verrà messa in scena con la sua trasformazione in racconto, una volta che ha «acquistato una caratterizzazione narrativamente più definita delle varie scene in cui si articola la vicenda»[24]. La scrittura della sceneggiatura, secondo Flaiano, articola una struttura di un'opera non ancora compiuta che deve essere in seguito trasferita in un'altra forma, e chi scrive e riflette applica allo stesso tempo un procedimento metatestuale, «immagina luoghi, persone, situazioni, silenzi, luci, attacchi, allusioni che poi il lettore sostituisce con altre attinte alla sua esperienza, anche se l'azione e il dialogo possono sembrare un binario inequivocabile»[25]. Questo tipo di scrittura si nota nell'opera narrativa *Melampus*, in quanto in diversi punti sono presenti tratti somiglianti a una sceneggiatura: la voce fuori campo sembra dare indicazioni di regia, nei passaggi dalla narrazioni dalla prima alla terza persona, una pratica che può ricordare anche le forme epistolari e diaristiche; degli esempi sono presenti a partire dall'ottavo capitolo a introdurre diverse sequenze:

La noia di Fabro non viene dalla sazietà delle cose, ma dal sentimento della loro inutilità: Non prova nemmeno più emozioni morali: tutto è stato detto. Lavora senza ingannarsi, solo perché detesta il suicidio. Liza lo riporta a certe estasi dell'infanzia, e si accorge che anche quel poco che credeva di sapere è sbagliato, non serve[26].

Stanza da letto. È notte. Fuori scroscia una violenta pioggia americana, si sentono tuoni improvvisi, il vento fa sbattere una finestra, La lampada è accesa sul comodino, Fabro è a letto, coi soli pantaloni, [...]. In fondo al letto, attorno ai suoi piedi e messa di traverso, dorme Liza. È quasi nuda anche lei[27].

23 L. Persia, in *Flaiano sceneggiatore*, in *Flaiano vent'anni dopo*. Atti del convegno, Pescara 9-10 ottobre 1992, cit., p. 158.

24 G. Rondolino - D. Tomasi, *Manuale del film, Linguaggio, racconto, analisi*, Torino, Utet, 1995, p. 2.

25 Ivi, p. 1.

26 E. Flaiano, *Il gioco e il massacro*, cit., p. 867.

27 Ivi, p. 871.

Altre intromissioni della voce fuori campo si susseguono per tutta la seconda parte del racconto, sempre per dare indicazioni sullo spazio, sul tempo e sulle azioni dei personaggi nelle diverse sequenze che dividono i capitoli. I passaggi in terza persona veicolano la voce della sceneggiatura, quella di *Melampo* rimasta sottesa in *Melampus*:

Liza: Ti piacciono molto queste serate in casa di amici?
Le ultime parole Liza le dice mentre scompaiono dietro il garage.

Casa Chappaqua. Interno notte
Dalla porta della cucina, a vetri, vediamo i due venire verso la casa. Entrano nella cucina. Giorgio accende la luce[28].

Prendendo di nuovo in considerazione la nota dell'autore all'inizio de *Il gioco e il massacro*, in cui si suggerisce di leggere le due storie come un unico racconto, si osserva una continuazione di *Melampus* con *Oh Bombay!*, che condividono una struttura metanarrativa; Fabro, però, non affida il suo diario a un narratore esterno come Adamante, è egli stesso che rilegge e riflette sul contenuto. È presente però un passo del racconto tra parentesi tonde in cui a leggere il diario è il protagonista dopo gli eventi della vicenda narrata: acquisisce lo statuto di narratore onnisciente, consapevole dei fatti, e porta alla rottura della iniziale coincidenza del tempo della storia e del racconto; interazione di due diversi tempi narrativi che complica ulteriormente la morfologia del racconto, poche righe che per Ruozzi si rifanno a Umberto Saba, agli aforismi delle *Scorciatoie*:

(E ora, a distanza di tempo, rileggendo queste poche righe, ora che so tutto, non vedo in quell'incontro un semplice effetto del caso. O vedo il caso come un sistema di intelligenti combinazioni di probabilità che ci lascia credere di essere liberi e invece ci spinge su un binario solidamente tracciato sul nostro carattere.)[29]

Con lo scorrere degli eventi, l'intenzione iniziale del protagonista di servirsi della scrittura con il solo intento di prendere appunti di lavoro si trasforma in un tentativo narrativo, una raccolta di indizi per indagare sulla metamorfosi della donna, per poi scrivere un racconto su di essa e sulla loro stravagante storia amorosa. «Melampus è un racconto doppiamente riflessivo; non è semplicemente un racconto su uno scrittore che vuole scrivere una storia, ma un racconto su uno scrittore che vuole scrivere proprio *quel* racconto»[30].

28 E. FLAIANO, *Melampo*, cit., p. 14.

29 Ivi, p. 802.

30 M. MESIRCA, *Mille e una storie impossibili*, cit., p. 203.

Posso studiare la sabbia mobile che mi inghiotte, prendere appunti sul magma, sulla condotta di Liza Baldwin, ma ogni pur lieve movimento mi farà affondare un poco più. Potrei sconvolgere il piano di lei partendo. Voglio invece arrivare al nodo. E prendo appunti: solo una buona quantità di appunti mi permetterà di scegliere una strategia[31].

Ma Fabro, in continuazione con Adamante di *Oh Bombay!*, non riesce a trasformarsi in narratore, il suo racconto non viene accettato dall'editore e in più la narrazione non vede una fine che possa essere considerata una chiusura.

Sembra riprendere il film *Otto e mezzo* di Fellini, con la sceneggiatura a firma di Flaiano: il protagonista Guido è un regista che riflette sul suo mestiere: una proiezione di riflessioni felliniane. Il film che Guido deve girare diventa lo stesso film in cui lui è il protagonista, un film nel film. Similmente in *Melampus*, il protagonista Fabro, commissionato di scrivere una storia per un film, trasforma la sua vicenda di coppia, perturbata dalla metamorfosi canina della donna, proprio in quel racconto che deve scrivere. Le varie intromissioni della voce fuori campo a dirigere la scena non sono solo tracce dell'originaria sceneggiatura di *Melampo*, ma anche un sostegno all'andamento della storia, perché Fabro non è in grado di narrare la propria vicenda: Liza, come afferma lo stesso protagonista, è Circe, che trasforma, non in animali, ma in scrittore incapaci. La storia con Liza che Fabro cerca di scrivere è un film che non si farà mai.

New York. Febbraio. Sono passati quattro mesi. Dopo aver scritto la mia storia inutile che non si farà mai [...]. Ho deciso di restare. Pensavo di dedicarmi a mettere insieme certi miei racconti, alcuni già scritti, altri ancora informi; e scriverne altri[32].

Quelle de *Il gioco e il massacro* sono metamorfosi imperfette, quella non riuscita di Adamante e quella di Liza che rimane un enigma senza soluzione.

5.2 RIFLESSIONI DELL'AUTORE E DEI PERSONAGGI

Flaiano, «con tecniche settecentesche e manzoniane»[33], inserisce nel racconto diversi spunti riflessivi per bocca del protagonista; non sono digressioni isolate dalla narrazione e non sono pronunciate da un narratore esterno, ma piuttosto «come in Swift e Gadda i piani sono di continuo intrecciati e narrazione e meditazione si integrano»[34].

31 E. FLAIANO, *Il gioco e il massacro*, cit., p. 856.
32 Ivi, p. 817.
33 G. RUOZZI, *Ennio Flaiano, una verità personale*, cit., p. 225.
34 *Ibid.*

Fabro è un personaggio intellettuale con una strutturata coscienza critica, formula pensieri articolati riguardanti diversi temi, dal cinema al teatro, riprese filosofiche e impressioni sociologiche. Un aspetto riflessivo del protagonista che caratterizza il racconto nella prima parte, prima di perdersi in un alienante annullamento dovuto all'incontro e alla metamorfosi della donna, dove la razionalità delle cose viene messa in discussione.

In *Melampus* si possono leggere interessanti riflessioni sul cinema e sulle sue espressioni. Fabro-Flaiano indica la possibilità di un percorso alternativo, una terza via nell'arte cinematografica, un altro tipo di meraviglia, che non sia solo realistica o fantastica, (peraltro Flaiano ha abbandonato la collaborazione con Fellini, dopo *Otto e mezzo*, quando quest'ultimo si è «convertito alla magia»[35]); la natura della metamorfosi di Liza sembra suggerire questo tipo di soluzione, e indirettamente rinvia anche all'arte letteraria:

Ricordarsi che un film è un'opera d'arte (ma non necessariamente), che vive solo nella quarta dimensione, il tempo. Un'opera d'arte alta tre centimetri e lunga perlomeno due chilometri e mezzo. La velocità del percorso è fissa: milleseicentoquarantacinque metri l'ora.
Ci sono due strade già segnate e comode: quella aperta dei Fratelli Lumière e quella di Georges Méliès. La strada realistica, il treno che arriva alla stazione di La Ciotat e sorprende "sempre" (nelle sue varie proposte oggettuali, aeroplano, macchina, nave; e quindi guerra, rivoluzione, conflitto); e quella fantastica, la luna di cartone, il Polo Nord, il trovarobato surreale e d'avanguardia, l'ironia sull'uomo, sui miti, la comicità (che non esiste in natura, ma è una deduzione dell'uomo) eccetera.
Non è indispensabile seguire una di queste strade. È preferibile inventarne una terza, che sia la componente direttiva, che porti cioè ad un altro risultato di meraviglia, quello dei sogni e dell'arte[36].

Nel primo capitolo, nella sequenza in cui Fabro racconta il primo incontro con Liza Baldwin durante la messa in scena di uno psicodramma in un teatrino (un tipo di recita in cui il pubblico è partecipe insieme agli attori), le riflessioni passano dall'arte cinematografica all'arte teatrale. Il protagonista, in quel momento coinvolto nel dramma, si interroga sull'essenza stessa del teatro, sulla spettacolarizzazione dell'esistenza. Il teatro esiste «in noi e fuori di noi, non necessariamente identificabile in un prodotto pensato e compiuto, ma persino qualcosa che esiste già e che noi isoliamo»[37]; le recite a soggetto, anche se viste da Fabro con ironia, fanno pensare che tutta il reale è già spettacolo in sé, che il teatro e la vita sono divisi da un labile confine, «è chiaro che anche il silenzio di questo teatro, il vuoto della platea e del palcoscenico, è uno spettacolo sul

35 G. C. Bertelli - P. M. De Santi, *Omaggio a Flaiano*, Pisa, Giardini, 1986, p. 96.
36 E. Flaiano, *Il gioco e il massacro*, cit., p. 797.
37 Ivi, p. 798.

cui valore drammatico ogni discussione sarebbe oziosa»[38]. L'esistenza resa spettacolo è tema ricorrente dell'autore, un discorso che dalla televisione portatile in *Oh Bombay!* continua in *Melampus* ed è già accennata profeticamente dagli applausi in *Adriano*, ma che con il passare degli anni, visto il fenomeno di spettacolarizzazione crescente in quell'Italia del boom economico, vede i media sempre più decisivi nella vita della gente: «La massa di proposte che m'accresce una delle nausee tipiche della vita moderna: la nausea dell'informazione totale»[39]. Flaiano decide quindi di riprendere e ampliare concettualmente questo tema della vita-spettacolo, e di esprimerlo nella raccolta *Il gioco e il massacro*, sotto due diverse forme: una televisione impazzita e il più classico teatro:

Se poi è qualcosa che noi abitiamo, un diffuso comfort moderno, non precisamente isolabile né definibile, ma anzi lo sforzo stesso di vivere al caldo e ben nutriti, di non commettere gaffes, ecco allora che questo teatro è miele per le mie orecchie, [...]. È infine l'annullamento del teatro, sintomo che la società è perfetta, si è compiutamente realizzata nel vivere quotidiano, nella contemplazione della sua misteriosa vittoria contro la natura. Il che, da molti segni, parrebbe già vero[40].

Abilmente l'autore anticipa, nelle riflessioni sul teatro del protagonista, quella che sarà la teatrale messa in scena della trasformazione canina, difficile da capire se sia recita o vera realtà. Il teatro diviene allegoria dell'esistenza, non più un'arte funzionale al distacco da essa e alla sua rappresentazione:

non assistiamo né alla vittoria del poeta né a quella degli attori, ma forse alla sconfitta di tutti[41].

L'aneddoto teatrale è anche occasione di riflessioni filosofiche: l'uomo moderno è prigioniero di se stesso; non è vittima del fato, «di una congiura divina»[42], ma viene metaforicamente descritto come «un povero Laocoonte vittima ironica di serpenti domestici che lo seguono dap-

---

38 Ivi, p. 799.

39 Ivi, p. 798. È forte in Flaiano l'influenza del sociologo Marshall McLuhan, pioniere della teorizzazione dell'importanza dei media nella società (cosa che si suol notare nel racconto precedente *Oh Bombay!*). Con la celebre frase «il medium è il messaggio» si può sintetizzare, anche se in maniera riduttiva e generale, il pensiero di McLuhan, di come la comunicazione della macchina sia un prolungamento della coscienza. Flaiano era un lettore di McLuhan e ha cercato, senza riuscirci, di incontrarlo durante le riprese nel 1972 del documentario da lui stesso girato *Oceano Canada*.

40 E. FLAIANO, *Il gioco e il massacro*, cit., p. 799.

41 Ivi, pp. 801-802. Riflessione sulla linea del teatro di Beckett in *Fine de partie*, della disfatta totale dell'esistenza, con l'uomo ormai finito nel bidoni dei rifiuti. Il protagonista alla fine del settimo capitolo, infatti, è assorto nella lettura dell'opera beckettiana appena citata.

42 Ivi, p. 800.

pertutto»[43]. L'uomo non riesce a liberarsi dagli affanni, dai drammi personali, anzi va alla loro ricerca: Fabro, che vuole essere libero dai legami e lascia che Florence Baker si sposi con un altro, si lascia invece coinvolgere dal rapporto con Liza:

E l'uomo non sa nemmeno se, riuscendo a liberarsi dei serpenti, sarebbe più felice; e se invece i serpenti non sono addirittura la sua ragione di vita[44].

Serpenti in analogia, secondo Ruozzi, con la mitologica Medusa, con *La donna serpente* di Carlo Gozzi e *Serpentina* di Luigi Capua[45].

Molte sono le considerazioni relative ai rapporti umani, soprattutto l'amore. Il weekend trascorso con Florence in un albergo è occasione per Fabro di riflessione sui rapporti umani, sempre sulla scia della teatralità dell'esistenza: l'amore è commedia che «provoca un traffico incessante, porte sbattute, sorprese, risa, agnizioni, tableaux, come un second'atto di Feydeau»[46]. Nel primo incontro con Liza a Central Park, i due intraprendono una conversazione che presto si sposta sull'amore, anticipando i motivi alla base di *Melampus*; Liza pensa che per un amore più appagante la liberazione degli istinti, appunto come un cane, sia una soluzione, un'alternativa al dover scegliere degli uomini, perché l'amore non è altro che «un seguito di incontri, di esperienze interrotte, in cui devi sbatterci il naso senza arrivare a nessuna conclusione»[47]. In questa sequenza Flaiano cita indirettamente Freud, in quanto suo lettore, come lo è Fabro, a supporto della tesi che la repressione degli istinti nella società moderna è motivo di infelicità. L'amore ragione è di fallimento per il protagonista, il suo racconto viene rifiutato, una sconfitta complementare a quella di *Oh Bombay!* della metamorfosi fallita; Fabro e Adamante hanno la medesima visione dei sodalizi amorosi, sono una cattiva scelta, un errore da evitare: «L'amore è il male, non può essere che ipocrisia. La scelta è il male. Rifiutarsi di scegliere. Anzi, rifiutarsi, semplicemente»[48]. Ma Fabro non rifiuta, sceglie di stare con Liza. Flaiano riprende in questo caso uno scritto del 1967 intitolato *Filosofia del rifiuto*, un testo di grande importanza di *Diario degli errori*, ispirato al racconto di Herman Melville *Bartleby lo scrivano*:

43 *Ibid.* I serpenti domestici che inseguono l'uomo, inteso come società, possono essere anche una metafora della corsa agli elettrodomestici, esponenziale in quegli anni.

44 *Ibid.*

45 Cfr. G. RUOZZI, *Ennio Flaiano, una verità personale*, cit., p. 227.

46 E. FLAIANO, *Il gioco e il massacro*, in *Opere scelte*, cit., p. 805.

47 Ivi, p. 824.

48 *Ibid.* Viene ripreso un aforisma di Proust, già presente in *Oh Bombay!*.

Agire come Bartleby lo scrivano. Preferire sempre di no. Non rispondere a inchieste, rifiutare interviste, non firmare manifesti, perché tutto viene utilizzato contro di te, in una società che è chiaramente contro la libertà dell'individuo [...]. Non preferire l'amore alla guerra, perché anche l'amore è un invito alla lotta[49].

Non mancano riflessioni sull'arte. Viene citato l'equilibrio formale e razionale di Mondrian, la quale tecnica compositiva viene sfigurata dalla non appropriata «tecnica impressionista»[50] di Liza, che continua ossessivamente a dipingere le opere del pittore per sfogare la sua inquietudine irrazionale. Ma l'occasione di un'analisi più riflessiva si presenta in una sequenza del terzo capitolo, durante la visita al Metropolitan Museum: Fabro rimane colpito dall'opera di Monet *The cabin of customs watch*, in cui intravede un'interessante relazione con la poesia *La casa dei doganieri* di Montale che viene citato perché, secondo il protagonista, il poeta e l'artista sembrano stati ispirati alla stessa visuale nella creazione delle rispettive opere:

Sembra che il pittore e il poeta abbiano voluto fissare i loro ricordi dallo stesso angolo di visuale: il mare si intravede pallido sullo sfondo, anzi, sull'orizzonte in fuga. Due incerte figurine sono quasi sul punto di lasciarsi scivolare "sulla balza che scoscende"[51].

Fabro ha una serie di conoscenti, perlopiù italiani emigrati negli Stati Uniti, registi, scrittori e scenografi, con cui vengono messe in scena conversazioni che rimarcano dialoghi tipici di una sceneggiatura teatrale. Discorsi occasionali, tipici dei caffè, dei salotti, dei cocktail party, che sono un classico della scrittura di Flaiano, attraverso i quali, dietro una parvenza di pigrizia e svogliatezza dei personaggi, si esprimono fulminanti analisi sociologiche atte a descrivere, non con parole al miele, l'Italia e la società italiana di quegli anni. In apertura del secondo capitolo, il racconto si sofferma su una serata che Fabro trascorre insieme a due registi, Longhi e Flamini, alle prese con la preparazione di un film per un attore comico. I tre discutono sulla realtà dell'italiano, un personaggio vicino alla figura dei comici, alla maschera del servo della commedia dell'arte, metafora dell'uomo contemporaneo:

Nasciamo comici. E perché tutti gli altri nel nostro paese non dovrebbero essere potenzialmente comici? Finché abbiamo freddo, fame e paura siamo neorealistici e sopportabili. Appena liberi ci cacciamo in situazioni comiche[52].

---

49 E. FLAIANO, *Diario degli errori*, in *Opere scelte*, cit., pp. 1267-1268. Cfr. G. RUOZZI, *Ennio Flaiano, una verità personale*, cit., pp. 231 232.

50 E. FLAIANO, *Il gioco e il massacro*, cit., p. 844.

51 Ivi, p. 830.

52 Ivi. p. 808.

L'amarezza di Fabro, la sua frustrazione sorta in quanto i produttori non cercano ciò che vorrebbe, ma un'ostentata comicità che, secondo Flamini, segna la morte dell'eroe. La figura dei servi è per gli italiani la «vera continua autobiografia»[53]. Considerazioni ispirate alla figura di Totò, analizzata da Flaiano nel 1964 nell'articolo *Cinema e dialetto* pubblicato su «Panorama»[54].

Noi ridiamo dei loro vizi e difetti, dei loro guai e disastri, perché sono tutti nostri, li riconosciamo, e il ridere finisce per farceli vedere sotto una luce non soltanto accettabile, ma persino lusinghiera. Il riso assolve; e noi abbiamo bisogno di una ininterrotta assoluzione. La denuncia (perché in molti casi lo scherzo è spinto sino alla denuncia moralistica) ci inorgoglisce. La satira ci rende fieri, come se ci riconoscesse uno stato civile artistico, un diploma che ci sollevi dalla mediocrità e dal grigiore delle parti secondarie. Questo spiega il piacere che prova un italiano nel raccontarvi le sue avventure, spesso atroci, e spesso immorali. Quel che importa non è la conclusione morale, o sentimentale o filosofica, ma il fatto: che sia avvenuto e che risulti divertente. L'inferno italiano è popolato da maldestri peccatori che al rifiuto del concetto di colpa e di peccato uniscono la capacità di ridere dei guai in cui si trovano. E poiché il Diavolo laggiù è il padrone, ne deriva la necessità di imbrogliarlo. La nostra commedia è tutta qui[55].

Spesso Flaiano in altre opere teatrali, articoli e diari ha raccontato questo tipo di situazione sociale, sotto forma di conversazione, per esempio: *La conversazione continuamente interrotta* del 1971, *Fine di un caso* in «Il Mondo» del 1955, *Diario notturno* del 1956 e *Il mostro quotidiano* del 1960 nel «Corriere della sera», inserito poi nella sua ultima raccolta *Le ombre bianche* del 1972.

5.3 *Reazioni di una critica discordante*

Il volume *Il gioco e il massacro*, vincitore del premio Campione d'Italia e del premio Selezione Campiello, ha diviso la critica nel suo giudizio.

Dopo la stroncatura del racconto *Oh Bombay!* da parte di Benedetti, persona vicina a Flaiano, arriva anche quella di Prezzolini, che l'8 marzo 1970 scrive a Flaiano, ansioso di leggere il libro in pubblicazione e congratulandosi per un suo articolo del 14 dicembre 1969 sul «Corriere della sera» dal titolo *Dei timbri* (inserito nel 1972 in *Le Ombre Bianche*). Prezzolini scrive su «Il Borghese», il 17 marzo 1970:

---

53 Ivi, p. 809.

54 E. FLAIANO, *Nuove lettere d'amore al cinema*, cit., p. 269.

55 E. FLAIANO, *Il gioco e il massacro*, cit., pp. 809-810.

Flaiano è uno dei scrittori più spiritosi d'Italia. Quando pubblica un articolo sopra un grande giornale si respira; si pensa a Bacchelli, a Landolfi ed all'ultima maniera di Moravia ed ad altrettanti tentativi di asfissia. [...].

Il libro che ha pubblicato, *Il gioco e il massacro* (Rizzoli), non smentisce la sua fama. È composto di due racconti fra i quali i critici letterari sviscerano un legamento che a me apparve un'appiccicatura. [...].

Non basta la stranezza, e certe stranezze del libro son anche vecchie, da almeno vent'anni, da quando fu scritto un romanzo sopra una signora che diventò una volpe: Flaiano la fa diventar cane. Negli ultimi cinquant'anni la letteratura americana ci ha insegnato che si può arrostire l'America a fuoco lento o vivace. Perché il Flaiano, che ha un ingegno originale, va alla ricerca di questi temi lisi?[56]

Flaiano offeso e risentito, scrive una lettera di risposta: «Caro Prezzolini, [..] si consoli pensando che pubblico molto di rado»[57]. Non hai amato il modo di molti critici di catalogarlo come autore spiritoso, cosa riduttiva in quanto, ovviamente, Flaiano è molto di più, ma la sua opera letteraria non è stata valutata a dovere, cosa poi avvenuta dopo la sua morte.

I dissensi sono anche accompagnati da molti attestati di stima. C'è chi è riuscito a scorgere tutta la genialità di Flaiano, la drammaticità dell'opera con cui l'autore supera la dimensione diaristica frammentaria consegnando alla letteratura italiana due racconti, per certi versi sperimentali, capaci di cogliere sottili cambiamenti in corso nella società contemporanea, e l'inquietudine silenziosa dell'individuo, oggetto di trasformazione, in una società sempre conforme ai nuovi dogmi moderni.

«La vita dell'uomo moderno è basata su una serie di estrapolazioni di realtà, che procede come una spirale, all'infinito, o verso la complicazione totale. [...] Ma allora dovremo fare i conti col Grande Fratello di Orwell. Dovremo adorarlo»[58].

Il filosofo Andrea Emo esprime meraviglia alla lettura de *Il gioco e il massacro* e scrive all'autore tutta la sua ammirazione per il suo genio, per «il suo massacro delle nostre vite inesistenti»[59], e questa, secondo Flaiano, è la critica e la recensione migliore che lui abbia ricevuto:

l'idea di aver trovato nel cane il moderno principio di individuazione e umanizzazione di una umanità sempre meno antropomorfa e sempre meno consistente, è veramente geniale e grandiosa e farà molta strada (anche se su quattro zampe)[60].

Un esempio di rivalutazione postuma si ha con un articolo di Franco

---

56 G. Prezzolini, *Ennio Flaiano*, in «Il Borghese», 17 maggio 1970, poi in *La critica e Flaiano*, cit., p. 128.

57 E. Flaiano, *Soltanto le parole*, cit., p. 356.

58 E. Flaiano, *Il gioco e il massacro*, cit., p. 837.

59 E. Flaiano, *Soltanto le parole*, cit., pp. 372-376.

60 *Ibid.*

Cordelli sul «Corriere della sera». Scrive di *Melampus*, definito un classico del secondo Novecento, tramite il quale Flaiano ci narra «apparentemente di un mondo antico in un mondo nuovo, irriconoscibile, mostruoso [...], in trasferta da Roma, o da Pescara, a New York, al mondo nuovo, dove ogni vitalità all'istante si muta in un'altra malinconia, ogni amore in sacrificio»[61].

---

61 F. CORDELLI, *Campanile-Flaiano Simpatiche canaglie*, «Corriere della sera», 10 maggio 1999. Cfr. G. RUOZZI, *Ennio Flaiano, una verità personale*, cit., pp. 239-240.

Dopo aver analizzato la narrativa di lungo respiro, dal romanzo *Tempo di uccidere* alle raccolte di racconti lunghi, è molto importante non tralasciare l'approfondimento dei suoi scritti brevi e frammentari.

Tra l'unico romanzo pubblicato nel '47 e gli ultimi racconti de *Il gioco e il massacro*, si sono susseguite due pubblicazione di volumi (*Diario notturno* e *Le ombre bianche*), in cui confluiscono buona parte della scrittura dell'autore: frammenti, aforismi, appunti, scritti privati da taccuino, spunti per un racconto o un romanzo futuro mai portato avanti e articoli di giornali realizzati in anni differenti e per diversi giornali. Sono testi in cui dominano la battuta, il grottesco, l'iperbole appartenenti al genere satirico; «però ci si accorge che la deformazione non è provocata dalla curvatura della lente con cui lo scrittore osserva il reale, ma è inscritta nelle cose»[1].

L'autore dimostra la sua pronunciata predilezione per il genere del diario al punto che, come già detto nei capitoli precedenti, molti dei suoi personaggi prendono appunti e scrivono taccuini. «Flaiano parte dall'appunto e dall'appunto ritorna»[2]: già in *Tempo di uccidere* si rivela fondamentale nella sua analisi il taccuino servito sia all'autore sia al protagonista del romanzo per appuntare la vicenda della guerra etiope. Un diario di appunti è il perno di *Oh Bombay!*, nel quale molte frasi sono prelevate da sue cartelle di appunti, poi raccolte postume in *Diario degli errori* e, ordinate alfabeticamente, in *Frasario essenziale per passare inosservati in società*. Un gusto per la brevità, un forte legame con l'aforisma e l'appunto che continua anche nella narrativa, tale da far considerare tutta la scrittura di Flaiano un diario ininterrotto, senza distinzione di genere. Tutte le pagine narrative hanno la cadenza dell'aforisma, ed è questo il tratto più caratteristico dell'autore.

Flaiano, secondo Anna Longoni, compie un'insolita operazione narratologia, perché trasforma l'utilizzo di questi microtesti-abbozzi in un "genere" che si spinge fino al racconto; una scaletta che assume una sua autonomia, non più funzionale alla narrazione[3].

---

1 A. Longoni, *Introduzione*, in *Opere scelte*, cit., p. XXIII.

2 A. Longoni, *Il processo aforistico della scrittura flaianea dal «Cavastivale» al «Diario notturno»*, in *Ennio Flaiano, incontri critici con l'opera*, cit., pp. 255-269, p. 265.

3 A. Longoni, *Temi e narrazione nell'opera di Ennio Flaiano*, in *Ennio Flaiano*, Convegno organizzato dalla biblioteca cantonale di Lugano, I quaderni dell'«Associazione Carlo Cattaneo», 1992, p. 59.

Dal punto di vista della scrittura è stupefacente la coerenza di Flaiano, egli è nato con un diario etiopico, scritto durante la campagna di Etiopia, e anteriore al romanzo, in cui ci sono già le fulminee illuminazioni e focalizzazioni del reale; insoddisfatto della tradizionale routine narrativa, egli per tutta la vita volgerà lo sguardo inquieto e cauto a una serie di particolari, di piccole cose, a ciò che magari è nulla per gli altri, ma che per lui cresce e si organizza in un sistema mentale di lucida interpretazione della realtà. Perciò gli è dall'inizio funzionale il genere del diario o taccuino degli appunti[4].

Il grande uso che Flaiano fa dei frammenti va a significare una sfiducia nei confronti della letteratura, manifestatasi già nella linearità quasi impossibile dei racconti. Il frammento è una necessità a causa dell'inconoscibilità del reale, di un'impossibile visione dell'esistenza che non può essere ordinata in un genere letterario costituito. Una forma atta a descrivere la realtà, spesso rimproverata dai critici, giornalisti e altri autori, forse perché influenzati da un pregiudizio nei confronti dell'autore, colpevole di non aver dato alle stampe un altro romanzo e di essersi fermato alla brevità compositiva dei racconti e al *collage* di frammenti sparsi; ne consegue una stereotipata e riduttiva fama di battutista che lo penalizza al punto che gli vengono addirittura attribuite battute non sue. Ma tale è la sfiducia di Flaiano nella letteratura: è consapevole che non può più riflettere una società massificata in cui si è svuotato ogni valore e si è perso il significato effettivo delle cose, anche il concetto di pubblico a cui uno scrittore può riferirsi. Privo di ogni destinatario, la scrittura dei diari per Flaiano «assume valore di sfogo, protesta solitaria, autocomunicazione ed il microcosmo della pagina cessa di essere un atto creativo per risolversi in una individuale via di salvezza»[5].

Oltre ai frammenti e agli aforismi, in questi due volumi, *Diario notturno* e *Le ombre bianche*, sono confluiti articoli dove si racconta l'Italia dell'immediato dopoguerra e del successivo *boom* economico; la quotidianità narrata con ironia, al di là della satira di costume senza cadere nel cinismo, le distorsioni e l'assurdità di una nuova modernità eretta a falso mito di cui l'autore con lungimiranza aveva fiutato le storture. «Se un lettore si ritrovasse a leggere questi pezzi, nella terza pagina di un quotidiano, vi potrebbe riconoscere, senza il sospetto di una sfasatura temporale, altre occasioni, altre allusioni, altri personaggi»[6].

Nel 1956 viene pubblicato *Diario notturno* in cui l'autore raccoglie gli articoli scritti dal '54 al '56 per una sezione dal titolo omonimo all'interno della rivista «Il Mondo» e articoli composto per altre testate dal '43 al '49. Negli anni in cui Flaiano collabora con «Il Mondo» si osserva in lui un cambiamento: da critico cinematografico disinteressato, quasi a voler prendere le distanze dalla complessa realtà di quegli anni, a diarista, con

---

4 M. Corti, *Introduzione*, in *Opere. Scritti postumi*, cit., p. XXVI.

5 F. Celenza, *Le opere e i giorni di Ennio Flaiano*, cit., p. 39.

6 A. Longoni, *Introduzione*, in *Opere scelte*, cit., p. XXIII.

uno sguardo lucido e critico dal 1954 in poi. Con operazione quasi di regia, di taglio e smontaggio Flaiano forma il corpo unico di *Diario notturno* che viene caratterizzato da una personale linearità e compattezza.

La critica approccia con disinteresse la pubblicazione di *Diario notturno*; poche sono le recensioni e spesso mancano di approfondimento: vengono sottolineate la narrazione degli usi e costumi della società contemporanea; il ritratto dell'autore e la sua vigile coscienza; il solito carattere giornalistico e frammentario della scrittura. Ma *Diario notturno* è espressione di tutta un'epoca, «Flaiano ha saputo dirci con molta precisione cos'è "italiano"»[7] con schegge di un'illuminante sociologia, una verità caratterizzata dal «furore del tedio filosofico»[8]. Per dirla alla Giammattei, Flaiano ci mostra una storia antropologica, una satira di costume che camuffa amare sentenze gnomiche e «la commedia, o tragedia, all'italiana, e la filosofia anche spicciola che è diventata moneta corrente, come si suol dire specchio dell'epoca»[9]; oltre che un catalogo di oggetti della borghesia intellettuale: treni, artisti, feste notturne. Ci viene presentato uno scenario quasi prettamente romano, dalle antiche rovine alla squallore dei quartieri periferici costruiti durante il dopoguerra, e personaggi che sono vecchi stanchi, ingegneri e senatori decaduti, passando anche per Fellini, Soldati, Moravia nel breve racconto di poche pagine de *Un marziano a Roma*. C'è tutta l'atmosfera dei caffè romani frequentati da Flaiano, in quella via Veneto diventata tra la fine degli anni '40 e buona parte degli anni '50 un punto di osservazione delle trasformazioni sociali in corso e di «quel senso di chiacchiera senza altro esito (esistenziale e politico) se non l'implacabile autoflagellazione, in fondo consolatoria»[10].

La sezione di apertura di *Diario notturno* è *Supplemento ai Viaggi di Marco Polo*, in cui Flaiano compie un ritratto allegorico degli italiani. Il *Supplemento* è molto importante: Anna Longoni indica che questo testo è l'origine della scrittura aforistica dell'autore[11]. Ha una prima stesura tra il 1934 e il 1938 con il titolo *Nuovi pensieri e viaggi di Marco Polo*, ed è un insieme di appunti e aforismi suddivisi in otto capitoli; dopo una redazione successiva del '44 dal nuovo titolo *Viaggi e crociere* (i primi tre capitoli di questa redazione coincidono con articoli pubblicati sui periodici romani «Città» con il titolo di *Viaggi e crociere* e *Supplementi ai viag-*

---

7 F. CELENZA, *Le opere e i giorni di Ennio Flaiano*, cit., p. 49.

8 G. MANGANELLI, *Introduzione*, in Ennio Flaiano, *Frasario essenziale per passare inosservati nella società*, cit., p. XIV.

9 R. MINORE, *Flaiano notturno*, «Il Messaggero», 3 maggio 1977, poi in *La critica e Flaiano*, cit., pp. 114-116, p. 115.

10 Ivi, p. 116.

11 Cfr. A. LONGONI, *Il processo aforistico della scrittura flaianea dal* Cavastivale *al* Diario notturno, cit., p. 255.

gi di Marco Polo in «Domenica», tra il 1944 e il 1945), Flaiano pensa di unire questi frammenti in una struttura romanzesca e inizia così la stesura del *Cavastivale* sul modello del romanzo satirico di Swift de *I viaggi di Gulliver*, che tra il '45 e il '47 è giunto a compimento, ma non verrà mai pubblicato se non alcune pagine sul «Corriere di Milano» e sulla «Voce Repubblicana» nel settembre del 1947[12]. Questa rinuncia al *Cavastivale* è un atto che per Flaiano segna l'abbandono definitivo delle strutture tradizionali per il testo breve, scelta che caratterizzerà il percorso successivo dell'autore. I *Supplementi ai viaggi di Marco Polo* che oggi leggiamo in *Diario notturno*, hanno molto, seppure con una certa frantumazione, del *Cavastivale*: il primo capitolo *Del viaggiare* del *Supplemento*, in cui è presente una classica riflessione filosofica avversativa di Flaiano attinente ai viaggi, si nota una reticolato di aforismi, e sono tutti presenti nel *Cavastivale* mediante il personaggio di Capannas (personaggio assente in *Diario notturno*, in quanto i pensieri sono attribuiti a un innominato Marco polo); ciò che cambia dal *Cavastivale* è l'organizzazione della struttura, mancante di una vicenda lineare in modo tale da poter incastonare gli aforismi attraverso un razionale percorso associativo. Come in tutte le opere di Flaiano è ripreso nel *Supplemento* il tema del viaggio ed è sempre visto come sintomo di irrequietudine individuale e sociale, con viaggiatori diffidenti, sempre accompagnati da un quaderno di appunti, spinti non dalla curiosità dei paesaggi, ma dal bisogno della ricerca antropologica:

Soltanto coloro che vivono a terra e sognano il mare ammirano le stelle, le aurore, i tramonti. Io ho sempre considerato questi elementi e questi spettacoli come arnesi di lavoro. I viaggi mi hanno incallito alla malinconia[13].

Il secondo capitolo della sezione vede proseguire il viaggio *Nel paese dei Poveri*, una variante più accusatoria di *Poveria* del *Cavastivale*; un'allegorica e sottile rappresentazione satirica dell'Italia del periodo fascista iniziata con *Tempo di uccidere* e dell'Italia in generale, dove «c'è poco da stare allegri in questo paese. Privi di risorse, gli abitanti vivono nella più gaia miseria possibile, confortati da una tenace fede nel dopodomani»[14]. Tutta questa prima sezione di *Diario notturno* prosegue nel segno dell'allegoria e dell'ironia: si narra della superstizione religiosa degli italiani in un paese dove «tram non funzionano, gli uffici nemmeno, i telefoni sbagliano, i treni si scontrano volentieri, i miracoli invece sono perfetti»[15]; dell'ipocrisia della politica; della decadenza di Roma in cui «ci si mera-

12 *Il Cavastivale* sarà poi pubblicato postumo.
13 E. FLAIANO, *Diario notturno*, in *Opere scelte*, cit., p. 250.
14 Ivi, p. 251.
15 Ivi, p. 259.

viglia nella capitale non di quanto gli antichi abitanti hanno potuto costruire ma di quanto i loro indegni eredi hanno saputo distruggere»[16].

Nelle sezioni successive di *Diario notturno* prosegue la linea dell'allegoria e dell'apologo. Ci sono i taccuini che vanno dal '46 al '56 pubblicati su «il Mondo» nella sezione omonima *Diario notturno*, la sezione aforistica della *Saggezza di Pickwick* (frutto della ricomposizione di quanto
pubblicato in quattro articoli comparsi, con il medesimo titolo, in «La
città libera» nel 1945, con l'aggiunta di pochi brani inediti), i racconti dal breve respiro dei *Sei raccontini utili*; l'apologo di cronache realisti-
che e allo stesso tempo surreali di *Fine di un caso*, un affresco della Roma
in via di trasformazione, dominata dalla corruzione all'abusivismo edili-
zio post-bellico, dalla burocrazia ai coca party, in cui «la morale si inchi-
na sempre all'economia, se le cose vanno bene»[17]. Racconto che ha come
sfondo principale il caso di cronaca nera dell'omicidio Wilma Montesi
trovata morta sulla spiaggia di Torvaianica nell'aprile 1953 (come il pe-
sce sulla spiaggia nella sequenza finale de *La dolce vita*), un caso tuttora
irrisolto, protrattosi a livello mediatico per molti anni. Un caso divenuto nazionale che smosse all'epoca anche l'istituzione politica, di una risonanza tale da far rispecchiare in esso la società italiana degli anni '50 e
Flaiano lo ripercorre alla sua maniera allegorica: scrive un racconto dalla
forte caratterizzazione teatrale, in cui sono i dialoghi ad avere il dominio
della scena e la noia di una festa (una costante tematica dell'autore), dove
partecipano tutti, affaristi, politici e intellettuale e l'uso di cocaina è una
componente fondamentale che provoca effetti comici e grotteschi. Il personaggio principale Pallicca, un ricco snob dell'Alta Italia dalla forte morale che detesta la corruzione, intraprende dialoghi con diversi interlocutori, intrattenendosi, in modo trascinato e stanco con argomenti politici,
economici e letterari pieni di allusioni, doppi sensi e giochi di parole:

Flaiano smitizza le cose, dalla cocaina al mondo della cultura. Mette tutto in un unico grande minestrone in cui gli elementi si mescolano e perdono di identità, divenen-
do un vuoto ed esemplare gioco di società. Ciò che accade appare futile; invece, come
sottolinea più volte l'autore, è purtroppo molto serio; riflette la realtà, irriverente e vo-
lubile, vacua e corrotta. Anche il caso Montesi diventa uno dei tanti passatempi mon-
dani e la sua tragicità si ribalta in beffarda commedia[18].

Il racconto più noto del *Diario* è *Un marziano a Roma*, uscito precedentemente su «Il Mondo» il 2 novembre 1954 e in seguito nel 1960 viene adattata e rielaborata dalla stesso Flaiano in una farsa teatrale. Sempre molto attento agli eventi contemporanei, Flaiano cavalca l'onda della
conquista dello spazio da parte degli uomini negli anni '50, con le super-

16 Ivi, p. 273.
17 Ivi, p. 460.
18 G. Ruozzi, *Ennio Flaiano, una verità personale*, cit., p. 32.

potenze dell'Unione Sovietica e degli Stati Uniti in costante competizione: «non si parla che di evasione. La terra, già tutti cominciano a odiarla. È finita, non ha più avvenire. Se avessimo almeno tempo... Il guaio è che abbiamo soltanto Spazio»[19].

Ma nel caso del *Marziano a Roma*, è Kunt, il marziano nato dall'invenzione di Flaiano, a scendere sulla terra, o meglio, su Roma. È una vicenda particolare, che ha delle analogie con il modello, molto spesso seguito dall'autore, dei *Viaggi di Gulliver*, delle *Lettere persiane* di Montesquieu e l'immaginario Stato del Maradagàl in America meridionale della *Cognizione del dolore* di Gadda, sempre sulla scia della tematica del viaggio iniziata già con il *Supplemento ai viaggi di Marco Polo*[20]. Questo è un viaggio allegorico, un apologo sull'Italia, sui romani, sulle loro ipocrisie e contraddizioni, con constatazioni dell'autore risentite e amare. Una vicenda che prende il via da un disco volante atterrato a Fiumicino da cui scende il marziano, alto, biondo e che parla perfettamente l'italiano, di nome Kunt. Si scatena nella popolazione un entusiasmo sproporzionato, tutti vedono nel visitatore planetario una sorta di messia che possa al più presto portare nella società un positivo rinnovamento, una palingenesi di cui il mondo e la civiltà hanno bisogno, soprattutto in clima di ricostruzione post-bellica. A narrare la vicenda è il narratore interno alla storia che ne è diretto testimone; incontra molti personaggi con cui condivide l'entusiasmo e le personali impressioni sull'accaduto: c'è un Fellini pallido e sconvolto, Mario Pannunzio, Mario Soldati e molti altri appartenenti alle conoscenze di Flaiano. Il rinnovamento sperato con il passare dei giorni stenta a manifestarsi, anzi si nota il marziano partecipe solo alla mondanità romana: cocktail party, incontri con personaggi politici, ricevimenti in Vaticano, premi letterari e cinematografici; mentre i romani pian piano non reggono più il disagio del traffico, aumentato, ovviamente, dalla discesa del marziano che ha visto la capitale riempirsi di curiosi. Inizia un declassamento di Kunt da messia a fenomeno da baraccone a causa della delusione provocata da aspettative troppo alte, sicuramente dettate da un bisogno di cambiamento che è radicale negli uomini.

Una parabola discendente, triste, quella del marziano, che ricorda quella del romanzo *Il codice di Perelà* di Palazzeschi, dove la comparsa improvvisa di un uomo di fumo è interpretata dalla popolazione come una speranza messianica; un essere puro che nel corso del romanzo subisce lo stesso percorso di declassazione, passando da figura salvifica a incarnazione del male assoluto. Flaiano in questo caso dimostra un interesse cristologico, che si ricollega a quella che è l'interpretazione di Luciano

---

19 E. FLAIANO, *La solitudine del satiro*, in *Opere. Scritti postumi*, cit., p. 599. Da un articolo pubblicato su «Il Mondo» il 26 novembre 1957.

20 Cfr. G. RUOZZI, *Ennio Flaiano, una verità personale*, cit., p. 67.

De Maria sulla vicenda di Perelà vista in modo speculare a quella di Cristo. L'interesse cristologico è documentato da diversi testi dello scrittore pescarese: nel testo già analizzato *Oh Bombay!* si rintraccia una sequenza che va a rappresentare una grottesca *via crucis*; in *Diario degli errori* è presente un testo datato 1960 in cui Flaiano immagina una discesa di Cristo in età contemporanea, in cui possiamo osservare la stessa aspettativa del popolo davanti a un evento così straordinario; Flaiano vuole così sottolineare una peculiarità tipica del carattere italiano:

Cristo torna sulla terra e viene assalito dai fotografi e dai cacciatori di autografi, tra costoro si mischiano spie della Questura, provocatori, ruffiani, agenti del fisco, maniaci sessuali, giornalisti, le solite prostitute, un comitato internazionale e alcuni sindacalisti. Nonché sociologhi, psicologhi, strutturalisti e cibernetici, che accompagnano biologhi, fisici e attori del cinema. La televisione trasmette le scene dei vari incontri. Pregato di fare alcune dichiarazioni alla stampa, Gesù dice: Chi ha orecchie per udire, oda, occhi per vedere, veda. Gli chiedono se si tratterrà molto. Il tempo di essere messo in croce o morire di freddo.
[...] La folla cominciò a gridare: Il miracolo! – Gesù prese cinque pani e cinque pesci e con essi sfamò la folla. – Un altro miracolo! – gridarono dopo il pasto. Gesù sanò vari nevrotici, convertì un prete. – Ancora! – continuava la folla. – Noi abbiamo visto[21].

Cristo riceve lo stesso trattamento riservato al marziano dalla folla rimasta delusa, composta dalla stessa varietà mondana di intellettuali e giornalisti. È una folla che necessita di un miracolo e nella sua attesa lo scenario diventa uno spettacolo comico e allo stesso tempo deludente: una partecipazione collettiva che mette in mostra un volgare scetticismo demolitore. Scene che possiamo ritrovare nei film di cui Flaiano è sceneggiatore: *Le notti di Cabiria* e *La dolce vita*; nei racconti successivi *Adriano* e *Una e una notte*. «*Un marziano a Roma*, dove in anticipo a Guy Debord, i meccanismi della società dello spettacolo sono letti attraverso una forma narrativa concisa e innovativa»[22].

La spettacolarizzazione della società viene maggiormente approfondita nell'ultimo libro di Flaiano *Le ombre bianche* del 1972, vincitrice del premio Estense. Una raccolta di racconti che continua la modalità di frammentazione e segmentazione di *Diario notturno*, con alcune differenze: include trentacinque racconti, distribuiti in tre sezioni, *Storie brevi*, *Divertimenti*, *Occasioni*; non contengono forme miste, ma solo brevi racconti sul modello delle novelle di Boccaccio, Poe, Kafka e, come per *Diario notturno*, Swift. Sono anch'essi estrapolazioni di pubblicazione giornalistiche, per lo più sul «Corriere della sera», a giustificazione della forma breve. Racconti di cui il più vecchio risale al 1943 e la maggior alla fine degli anni '50 e al biennio 1969-70, anche se le datazioni sono

21 E. FLAIANO, *Diario degli errori*, in *Opere scelte*, cit., pp. 1238-1239.

22 Una recensione del volume *Opere scelte* di Giuseppe Montesano su «L'Unità» del 22 giugno 2010. Cfr. RUOZZI, *Ennio Flaiano, una verità personale*, cit., p. 81.

sottratte dall'autore nella raccolta, per far sì che il *collage* delle storie racconti una storia dell'insensatezza e la menzogna della quotidianità, umana e italiana:

ho risparmiato al lettore e a me stesso le date. Credo che insieme narrino la storia di un «io» che detesta l'inesattezza ed è stato sopraffatto dalla menzogna[23].

Un viaggio allegorico fuori dal tempo: «quando scrivo *Ombre bianche*, cioè l'orrore, la pietà e anche lo sconforto che mi viene dal vedere i miei simili cacare dagli alberi e i cavalli comportarsi così bene ed essere così educati»[24].

Le piccole storie de *Le ombre bianche* hanno come esempio la narrazione filosofica settecentesca della cultura illuministica che si serve della narrazione per far circolare le nuove idee politiche, sociali e morali attraverso racconti paradossali dalla carica simbolica e allegorica. Questo tipo di narrazione assume posizione aspramente critica nei confronti della società contemporanea la quale si può riconoscere trasfigurata nelle allegoriche ambientazioni esotiche e inverosimili. Swift, appartenente a questo tipo di cultura, con la sua critica sociale, dalle scienze alla religione, alla politica è un grande esempio per Flaiano. *Le operette morali* di Leopardi per Ruozzi sono considerate un modello delle *Ombre*, per l'uso di varie forme narrative che passano abilmente dal dialogo alla riflessione filosofica[25]. Sono favole satiriche quelle di Flaiano; storie collettive che raccontano la trasformazione sociale, il suo ineluttabile passaggio in spettacolo di massa; nella vita di tutti i giorni le stravaganze, le stranezze hanno dell'ordinario e non creano più stupore nella stragrande maggioranza, a differenza di un io alienato che narra, attraverso l'arma dell'ironia tagliente e disincantata tutto il suo spaesamento nel trovarsi di fronte questo tipo di società massificata, dove si respira perennemente l'aria del paradosso.

Ho raccolto una trentina di satire, racconti, dialoghi, divertimenti: usciranno tra poco da Rizzoli, alla fine di aprile, credo. Gli ho messo per titolo *Ombre bianche*. Le ho raccolte prima che sia troppo tardi, prima che qui la realtà superi completamente la satira[26].

In questi tempi l'unico modo di mostrarsi uomo di spirito è di essere seri. La serietà come solo umorismo accettabile[27]

---

23 È estratto dalla nota dell'autore che apre la raccolta in E. FLAIANO, *Le ombre bianche*, in *Opere scelte*, cit., p. 908.

24 Da un'intervista di Aldo Rosselli a Flaiano, in *Opere. Scritti postumi*, cit., p. 1213. Flaiano mette a riferimento l'opera con il suo modello per eccellenza *I viaggi di Gulliver* di Swift.

25 Cfr. G. RUOZZI, *Ennio Flaiano, una verità personale*, cit., p. 242.

26 Da un'intervista a Gianni Rosati a Flaiano, in *Opere. Scritti postumi*, cit., p. 1207.

27 E. FLAIANO, *La solitudine del satiro*, cit., p. 712.

Apre la raccolta *Il Mostro quotidiano*[28], un racconto esemplare sulla società di massa: i due scrittori dettano alla stenografo un continuo di invenzioni, «cominciano a far succedere un'infinità di fatti»[29]. Il mostro, dice Flaiano in una lettera a Fellini[30], è pubblico, è ogni singolo individuo, la società che ha reso normale ciò che è in realtà mostruoso, che trasformato la vita in divertimento per vincere la latente noia di cui è afflitta: «Bisognava vincere la noia, la greve noia che entrava come nebbia nelle casa, negli uffici, nelle fabbriche, nei luoghi di divertimenti, soffiando nelle orecchie degli uomini i suoi dubbi sulla necessità dell'esistenza»[31]. Una società che conferisce a ogni cosa un significato che li rappresenta è complice di un'insopportabile insensatezza. È una critica accostabile alla letteratura postmoderna, sviluppata in altre forme poi nei racconti successivi, con *Gli Applausi* di *Adriano* e il minitelevisore di *Oh Bombay!*.

I personaggi non pensano, agivano soltanto o guardavano il mare di stupidi oggetti e di macchine in cui il benessere li aveva immersi[32].

Le ombre bianche è un susseguirsi di "mostri" della quotidianità. Sono rappresentati da scrittori, giornalisti, filosofi, la folla, il pubblico che spesso la penna di Flaiano riprende durante ricevimenti, party e cene in piedi. durante i quali possono sfoggiare il nuovo benessere dove l'Italia o la Roma del *boom* economico si esibiscono maldestramente, nascondendo la noia. Si prenda ad esempio il racconto del party in *Tutti in piedi*, a Roma in un attico si sta svolgendo una festa in onore del filosofo Gerar, la quale presto si trasforma in una comica farsa messa in scena dai rappresentanti della mondanità e della cultura. Flaiano mette in gioco una serie di contrasti tali da mostrare la volgarità della cosiddetta dolce vita romana. Anche ne *La penultima cena* viene narrata un'inquietante e bizzarra festa in costume romano in cui il personaggio principale capita per un invito imprevisto. Gli invitati sono ricchi che recitano una parte, un gioco che prende la via di un'orgia a cui fa da contrasto la reazione di rigida moralità del protagonista.

L'italiano è il male di se stesso, esso è un'ombra subdola, come nell'apologo *Le Jene*, una rappresentazione negativa del nuovo giornalismo nascente in quegli anni, in cui l'arrivismo è la priorità e di grande impor-

---

28 Questo racconto viene pubblicato da Flaiano sul «Corriere delle sera» il 24 giugno 1960 con il titolo *Il mostro*, lo stesso anno in cui esce il film *La dolce vita* nella quale viene rappresentata la stessa volgare società di massa.

29 E. FLAIANO, *Le ombre bianche*, in *Opere scelte*, cit., p. 914.

30 È una lettera del 23 ottobre 1969 in cui parla del film *Satyricon* dello stesso Fellini, in *Soltanto le parole. Lettere di e a Ennio flaiano (1932-1972)*, cit., p. 331.

31 E. FLAIANO, *Le ombre bianche*, in *Opere scelte*, cit., pp. 914-915.

32 Ivi, p. 914.

tanza è «la tragedia, la strage, la compilazione, la notizia che monta»[33]. Ne *L'intervista* un grande poeta in riva al mare viene intervistato da un operatore televisivo. Il poeta recita versi di Omero, sentenze che suonano all'intervistatore come formule assurdo in quanto è ormai invaso nella sua dallo stereotipato linguaggio televisivo e ciò porta al caos e all'incomunicabilità: è la condizione di tutto il mondo contemporaneo che la comunicazione di massa ha reso convenzionale.

In questa raccolta Flaiano, ancora una volta, si rivela profetico; i suoi scritti contengono hanno tuttora una stupefacente rappresentazione del nostro presente. Le ombre sono bianche perché silenziose, sono gli italiani che con il loro silenzio hanno invaso l'Italia ed è ciò che *Il viaggiatore scontento* esprime teorizza al suo interlocutore:

«[...] l'Italia è stata invasa da un barbaro autoctono. Si tratta di un'invasione dall'interno. Sì, questo barbaro assedia le città dall'interno delle mura. Chiamatelo come volete, provinciale, neoricco, cafone, per me resta un barbaro. [...] Guarda i nomi che mettono ai loro caffè: questo si chiama New Orleans, quell'altro Broadway, quella trattoria: California, quel negozio: Piccadilly. Badi bene, questi barbari non sono sprovvisti di ingegno naturale né di senso economico. Con le loro distruzioni non ci rimettono mai, anzi ci guadagnano [...]. Vuole trasformare il suo paese in qualcosa di più stravagante, cioè di moderno: e cambia posto a tutto. Il suo modello è una specie di America, così come egli pensa che sia l'America. Non ha, essendo barbari, il gusto della conversazione, ma il genio dell'inaugurazione. Lascia dunque cadere in rovina le cose per poi giustificarne la distruzione. Gioisce persino dei terremoti, che spazzano il "vecchiume"»[34].

Le ombre bianche è un libro in cui Flaiano cerca di svelare le menzogne prendendo dalla realtà e dall'immaginazione. La raccolta si chiude con *Inediti di K.* la storia di un io narrante che incontra a Praga un misterioso personaggio. Flaiano vuole così sintetizzare il suo debito nei confronti di Kafka[35]:

«Resta da spiegare perché tutte le nostre circostanze si adattano alle profezie, io le chiamerei previsioni di Kafka»[36].

Quest'ultima raccolta di Flaiano de *Le ombre bianche*, pubblicata pochi mesi prima della sua morte, ottiene il plauso della critica, da Prezzolini (che in precedenza non aveva apprezzato *Il gioco e il massacro*), a Ri-

---

33 Ivi, p. 1101.

34 Ivi, pp. 1072-1073. Un argomento analogo viene trattato da Flaiano, con grande ammirazione di Prezzolini, nel già citato articolo *Dei timbri*, pubblicato sul «Corriere della sera» il 14 dicembre 1969.

35 G. RUOZZI, *Ennio Flaiano, una verità personale*, cit., p. 249.

36 E. FLAIANO, *Le ombre bianche*, in *Opere scelte*, cit., p. 1114.

spoli a Zanzotto a Vigorelli. C'è un riconoscimento quasi unanime, mai avuto in tutti gli anni precedenti in cui la critica si è sempre divisa nel giudizio sulle pubblicazioni dell'autore pescarese: «Un libro straordinariamente vivo e interessante, un mosaico di scintillii vitali[37]», come scrive Andrea Zanzotto a Flaiano in una lettera del 1972; un vero e proprio «capolavoro scritto con la cenere»[38].

37 Da una lettera del 25 giugno 1972 di Andrea Zanzotto a Flaiano, in *Soltanto le parole,* cit., p. 418.
38 Da una lettera del 3 agosto 1972 di Franco Rispoli a Flaiano, in ivi, p, 419.

Bibliografia delle opere

Opere di Ennio Flaiano

Tempo di uccidere, Milano, Longanesi, 1947.
Diario notturno, Milano, Bompiani, 1956.
Una e una notte, Milano, Bompiani, 1959.
Un marziano a Roma, Torino, Einaudi, 1960.
Il gioco e il massacro, Milano, Rizzoli, 1970.
Le ombre bianche, Milano, Rizzoli, 1972.
La solitudine del satiro, Milano, Rizzoli, 1973.
Melampus, introduzione di Enzo Siciliano, Milano, Rizzoli, 1974.
Autobiografia del Blu di Prussia, a cura di Cesare Garboli, Milano, Rizzoli, 1974.
Diario degli errori, a cura di Emma Giammattei, Milano, Rizzoli, 1976.
Melampo, con una nota di Aldo Tassone, Torino, Einaudi, 1978.
Lo spettatore addormentato, a cura di Emma Giammattei e Fausta Bernobini, Milano, Rizzoli, 1983.
Frasario essenziale per passare inosservati in società, introduzione di Giorgio Manganelli, con una nota di Maria Corti, Milano, Bompiani, 1986.
Opere. Scritti postumi, a cura di Maria Corti e Anna Longoni, Milano, Bompiani, 1988.
Progetto Proust. Una sceneggiatura per la «Recherche du temps perdu», a cura di Maria Sepa, Milano, Bompiani, 1989.
Opere. 1947-1972, a cura di Maria Corti e Anna Longoni, Milano Bompiani, 1990.
Nuove lettere d'amore al cinema, a cura e con prefazione di Guido Fink, Milano, Rizzoli, 1990.
Soltanto le parole. Lettere di e a Ennio Flaiano, a cura di Anna Longoni e Diana Rüesch, Milano, Bompiani, 1995.
Ombre fatte a macchina, a cura di Cristina Bragaglia, Milano, Rizzoli, 1996.
Opere scelte, a cura di Anna Longoni, Milano, Adelphi, 2010.

Studi sull'autore

AA.VV. *Ennio Flaiano: incontri critici con l'opera*, Pescara 1982-2002, Pescara, Ediars, 2003. In particolare, Bárberi Squarotti, Giorgio, *Flaiano narratore* e *Un romanzo esemplare*; Longoni, Anna, *Il processo aforistico della scrittura flaianea dal* Cavastivale *al* Diario notturno; Sergiacomo, Lucilla, *Il tempo dell'inettitudine in* Tempo di uccidere.
Arbasino, Alberto, *Ennio Flaiano: quel genio tra il "Mondo" e la dolce vita*, in «La Repubblica», 15 febbraio, 2010.
Bertelli, Gian Carlo – De Santi, Pier Marco, *Omaggio a Flaiano*, Pisa, Giardini, 1986.
Bo, Carlo, *Il gioco e il massacro*, in «Corriere della sera», 22 marzo 1970.
Celenza, Franco, *Le opere e i giorni di Ennio Flaiano. Ritratto d'autore*, Milano, Bevivino Editore, 2007.

CORDELLI, Franco, *Campanile-Flaiano. Simpatiche canaglie*, in «Corriere della sera», 10 maggio 1999.

EMANUELLI, Enrico, *Flaiano romanziere inatteso, con* Tempo di uccidere *si è vendicato dell'Etiopia,* in «L'Europeo», 20 luglio 1947.

FORTI, Marco, *Catalogazioni e metamorfosi, Piovene, Flaiano, Crovi*, in «Il Bimestre», maggio-giugno, 1970.

FRATI, Stefano (pseudonimo di Giovanni Ansaldo), *Tempo di uccidere*, in «Il Libraio», 15 giugno 1947.

GIAMMATTEI, Emma, *Ennio Flaiano fra moralismo e scetticismo*, in «Nord e sud», ottobre 1974.

ID., *Solitudine del moralista, Alvaro e Flaiano*, Napoli, Liguori, 1986.

JOVINE, Francesco, *Tempo di uccidere*, in «La Fiera letteraria», 13 novembre 1947.

LONGONI, Anna, *Temi e narrazione nell'opera di Ennio Flaiano*, Lugano, I quaderni dell'«Associazione Carlo Cattaneo», 1992.

MESIRCA, Margherita, *Le mille e una storie impossibili. Indagine intorno ai racconti lunghi di Ennio Flaiano*, Ravenna, Longo Editore, 2003.

MINORE, Renato, *Flaiano notturno*, in «Il Messaggero», 3 maggio 1977.

PAMPALONI, Geno, *Tre indipendenti. Ennio Flaiano*, in *Storia della letteratura. Il Novecento*, a cura di Emilio Cecchi e Natalino Sapegno, Milano, Garzanti, 1969.

ID., *Flaiano: l'uomo e l'opera*, in Associazione Culturale Ennio Flaiano (a cura di), *Ennio Flaiano: l'uomo e l'opera*, Atti del convegno Nazionale nel decennale della morte dello scrittore, Pescara, 19-20 ottobre, 1982.

PERSIA, Leonardo, *Flaiano sceneggiatore*, in *Flaiano vent'anni dopo*. Atti del convegno, Pescara 9-10 ottobre 1992, Pescara, Ediars, 1993.

PREZZOLINI, Giuseppe, *Ennio Flaiano*, in «Il Borghese», 17 maggio 1970.

ROSATI, Gianni, *L'italiano non ride*, in «Il Mondo», 14 aprile 1972.

RUOZZI, Gino, *Ennio Flaiano, una verità personale*, Roma, Carocci editore, 2013.

SERGIACOMO, Lucilla (a cura di), *La critica e Flaiano*, Pescara, Ediars, 1992.

ID., *Invito alla lettura di Flaiano*, Milano, Mursia, 1996.

SPAGNOLETTI, Giacinto, *Il gioco e il massacro*, in «Il Messaggero», 23 marzo 1970.

TREQUADRINI, Franco, *Antiromanzo e satira in Ennio Flaiano*, L'Aquila, Editore del «Buccio», 1975.

VIRDIA, Ferdinando, *Due racconti di Flaiano*, in «La Fiera letteraria», 13 settembre 1959.

ULTERIORI RIFERIMENTI BIBLIOGRAFICI

BORGES, Jorge Luis, *Finzioni*, Torino, Einaudi, 1985.

CALVINO, Italo, *Una pietra sopra*, Milano, Mondadori, 1995.

CESERANI, Remo, *Le forme del diario*, Padova, Liviana, 1985.

DEBORD, Guy, *La società dello spettacolo*, introduzione di Carlo Freccero e Daniela Strumia, trad. it. Paolo Salvadori e Fabio Vassari, Milano, Baldini, 1997.

Foucault, Michel, *Scritti letterari*, a cura di Cesare Milanese, Milano, Feltrinelli, 1984.

Genette, Gérald, *Palinsesti*, trad. it. Raffaella Novità, Torino, Einaudi, 1997.

Morandini, Morando, *Il Morandini. Dizionario del film 2001*, Bologna, Zanichelli, 2001.

Sartre, Jean-Paul, *La nausea*, trad. it. Bruno Fonzi, Torino, Einaudi, 1978.

Raimondi, Ezio, *Le poetiche della modernità*, Milano, Garzanti, 1990.

Rondolini, Gianni – Tomasi, Dario, *Manuale del film, Linguaggio, racconto, analisi*, Torino, Utet, 1995.

www.ingramcontent.com/pod-product-compliance
Lightning Source LLC
LaVergne TN
LVHW041201080426
835511LV00006B/694